금융은 기술의 중심에 있다.
신기술과 최첨단 기술이 빠르게 확대될 때 트렌드를 익혀라.

재정 지원은 부채 비율을 올리는 지름길이다.
공짜로 주는 돈이라고 마냥 좋아할 일이 아니다.

블록체인, 암호 화폐의 보이지 않는 위험성을 자각하라.

규제 그 이상일 수 있다.

로봇 시대가 다가오고 있다.
당신은 무엇을 준비하고 있는가.

금융의 미래

옮긴이 최진선

영어를 전공하고 호주 맥쿼리대학교Macquarie University에서 공부하였다. 국제행사에서 통역, International Student Fellowship 국제학생회에서 외국인 유학생에게 한국어를 가르치며, 영어와 한국어 두 언어를 잘 표현하는 일에 관심이 깊어졌다. 평소 경제, 금융, 심리학 분야에 많은 관심을 가지고 있다. 영어강사로 학생들을 가르치던 중 번역을 시작했으며, 현재 전문번역가로 활동하고 있다.

이메일주소: wordbridge@naver.com
인스타그램: igloo_0123

금융의 미래

펴낸날 2021년 1월 4일 1판 1쇄
2021년 1월 20일 1판 2쇄

지은이 제이슨 솅커
옮긴이 최진선
펴낸이 강유균
편집위원 이라야, 남은영
기획·홍보 김아름
교정·교열 이교숙, 양다은
경영지원 이안순
디자인 정윤경
마케팅 신용천

펴낸곳 리드리드출판(주)
출판등록 1978년 5월 15일(제 13-19호)
주소 경기도 고양시 일산서구 고양대로632번길 60, 207호(일산동, 대우이안)
전화 (02)719-1424
팩스 (02)719-1404
이메일 gangibook@naver.com
홈페이지 www.readlead.kr
포스트 https://post.naver.com/gangibook

ISBN 978-89-7277-345-0 (03320)

* 잘못된 책은 바꾸어 드립니다.
* 책값은 뒤표지에 있습니다.

이 도서의 국립중앙도서관 출판예정도서목록(CIP)은 서지정보유통지원시스템 홈페이지(http://seoji.nl.go.kr)와 국가자료공동목록시스템(http://www.nl.go.kr/kolisnet)에서 이용하실 수 있습니다.(CIP제어번호 : CIP2020046567)

THE FUTURE OF FINANCE AFTER COVID

세계 1위 미래학자 제이슨 셍커 금융의 미래

팬데믹 이후 10년, 금융세계를 뒤흔들 기술과 트렌드

제이슨 셍커 지음 | 최진선 옮김

리드리드출판

c o n t e n t s

차례

작가의 말

금융 시장의 향후 10년, 무엇이 어떻게 달라질까?

2019년 7월, 나는《금융의 미래는 지금이다The Future of Finance is now》를 출간했다. 이 책에서 나는 연방준비제도이사회Federal Reserve System(Fed : 미국의 중앙은행 시스템이자 세계 금융 경제의 주춧돌–옮긴이)의 대차대조표, 일명 '메뚜기 떼'에 의해 과대 선전된 양자 컴퓨팅, 불어나는 정부의 빚, 미 정부의 재정 지원 혜택 붕괴 등 앞으로 변화될 경제를 내다보았다.

나는 이러한 위기가 올 것이라고 분명히 예견하고 있었다. 시점과 시기의 문제였지만 2019년을 기점으로 10년에 걸쳐 서서히 닥칠 것으로 전망했다. 그러나 1년도 채 안 되는 짧은 기간에 위기는 우리의 현실이 되었다. 그 원인은 누구도 예측하지 못한 코로나19 팬데믹에 있다.

바이러스 창궐로 각 나라에서 취한 국경 폐쇄, 이동 제한, 봉쇄, 행사 취소 같은 조치는 소비 위축을 불러왔고 지역경제에 타격을 가져왔다. 국가 경제를 넘어 세계 경제까지 위험에 빠트리고 있다. 이로써 경제 위기는 가속화되고 역학 관계의 위험성은 더 가중되고 있다. 또한, 10년에 걸쳐 서서히 나타날 변화가 급류에 휩쓸리듯 사회 전반에 영향을 끼치는 중이다. 사람들은 갈피를 잡지 못하고 우왕좌왕하고 있으며 사회지도층은 국가 정책이나 자구책 마련에 골몰하고 있다. 지금 우리는 이런 시대를 살고 있다.

미래에서 느린 걸음으로 오는 중이라고 믿었던 금융 위기도 코앞에 닥쳤다. 코로나19 팬데믹이란 급격한 지각 변동에 직면해 짧은 시간에 많은 변화를 경험하고 있다. 이 시점에서 금융의 미래를 다시 논의하는 것은 필수이다. 현재에서 미래를 보며 위기에서 기회를 찾아야 한다.

이 책의 제목이《금융의 미래》인 이유가 여기에 있다. 긴장, 위험, 불균형, 차별의 문제는 코로나 이전에도 넘쳐났다. 그러나 지금 다가온 위험은 훨씬 더 크고 거대하다. 우리가 의지할 수밖에 없었던 금융과 경제 시스템이 그 힘을 잃고 있어 더 위태롭다.

오래된 농담이 하나 있다. 모닥불 옆에 두 경제학자가 앉아 있었다. 곰이 숲에서 내려오는 걸 본 두 경제학자 중 한 명은 운동화를 신기 시작했다. 다른 경제학자는 서둘러 뛰어나가며 외쳤다.

"신발을 신으면 절대 곰보다 빨리 달릴 수 없을 거요."

이에 운동화 끈을 묶던 경제학자가 대꾸했다.

"난 곰을 앞지를 필요가 없습니다. 당신만 앞지르면 됩니다."

금융 시장에서 연출되는 상황이 바로 이렇다. 금융 전문가들은 항상 모퉁이를 본다. 누구나 보고 있는 시점을 살짝 비켜서 앞을 내다보며 돈이 어디서 만들어지는지 안다. 핀테크가 수년간 뜨거운 이슈로 떠올랐던 이유이다. 이제 그들은 코로나19 이후 미래 금융에 대해 뜨겁게 논쟁하고 있다. 질문을 쏟아내고 현실

너머로 나아가기 위해 해법을 찾는다. 그 물음에 나는 이 책을 펴내며 답변한다.

기술이 움직이는 최전선에 금융이 있다. 금융 전문가들이 거래나 투자 가능한 일을 두고 "돈을 따라가세요."라고 말하는 근거는 돈이 흐르는 곳에서 금융이 시작되기 때문이다. 흥미롭게도 10년 뒤 맞이할 세 가지 주제가 이미 우리에게 와 있다. 수년간 언급했던 용이한 접근성, 절약된 비용, 이용의 편리성이다.

먼저, 모든 사람이 금융 기술과 금융 시장에 접근하도록 움직인다. 결제 시스템, 사모펀드, 1년 내내 사용 가능한 은행 시스템을 생활 주변에 두며 인터넷이나 스마트폰을 통한 접근까지 더 많은 사람이 언제나 금융을 이용하도록 편의를 제공하고 있다.

반면, 결제에서 계좌 운용에 이르기까지, 금융 서비스 비용을 줄여나간다. 그 후 총운용자산Assets Under Management(AUM)에 있어 관리된 자산 비율을 나타내는 이전의 표준 개념 '2'와 '20'이 대부분 사라졌다.

마지막으로, 이전의 금융은 복잡하고 어렵게 느껴지던 분야였다. 그러나 UI/UX 지표로 움직이는 세상이 된 지금은 이용의 편리성에 그 초점을 맞추고 있다. UIUser Interface는 사람과 컴퓨터 시스템, 프로그램 간 상호작용을 의미하고 UXUser Experience는 사용자가 어떤 시스템, 제품, 서비스를 직·간접적으로 이용하면서 느끼고 생각하게 되는 총체적 경험을 말한다.

변화를 일으킨 이 세 가지는 최근 몇 년간 핀테크와 금융 전반에 영향을 주었다. 그 영향은 코로나19로 인해 더욱 두드러지게 나타나고 있다. 기존 금융 체계를 무너뜨린 전조이지만 향후 10년 동안 지속해서 상당한 영향을 미칠 가능성이 크다.

내가 5년간 핀테크 분야를 파헤치며 16년간 금융권에서 일한 경험과 노하우를 이 책으로 여러분과 나누고자 한다.

어떤 책도 홀로 완성되는 법은 없다. 편집 작업, 파일 변환, 디자인, 프로젝트 기획 과정을 거쳐야 하는데, 팀이 있기에 가능한 일이었다. 이런 점에서 프레스티지 이코노믹스Prestige Economics와 퓨처리스트 인스티튜트The Futurist Institute, 그리고 내 글이 책이 되게 해준 프레스티지 프로페셔널 퍼블리싱Prestige Professional Publishing 팀에게 고마움을 전하고 싶다.《금융의 미래》출판을 도와준 나우팔 파텔 국장에게 특별히 감사하다.

또한, 무엇보다도 학업과 커리어를 쌓으며 기업가와 작가로 보낸 시간 동안 지지를 보내준 가족에게 가장 고맙다. 가족들이 보내준 정서적 지지와 편집 조언들은 말로 다 할 수 없는 힘이 되었다. 책을 출간할 때면 매번 말도 안 되게 가족이 더 바빠진다. 가족들과 출간 과정에 도움을 준 모든 이들에게 감사의 말을 전하고 싶다.

끝으로 독자 여러분께 감사하다. 이 책이 여러분에게 도움이 되기를 바란다.

제이슨 솅커

코로나 이후 금융은 더욱 역동적이고 파괴적일 것이다

사람들은 금융의 미래를 흥미롭게 바라본다. 과거나 현재와 비교했을 때 미래는 매우 다를 것이라 예상한다. 그러나 그 예상은 틀릴 확률이 높다. 코로나19 팬데믹과 경제 폐쇄, 불황이 오더라도 말이다. 그간 수십 년 금융의 흐름을 보면 명칭이나 기술적인 변화는 거듭되었지만, 방식은 여전히 동일하게 진행되고 있다는 사실을 보면 알 수 있다.

"많은 것이 변할수록, 본질은 그대로 남아 있다."

이 책에는 전 세계 금융의 힘이 어떻게 변화하는지를 보여주는 자료와 분석이 실려 있다. 이 자료와 분석은 현재가 미래와 다르지 않다는 개념을 기반으로 출발했다. 기술이 변화하고 세계가 코로나19 팬데믹과 경제 폐쇄, 이로 인한 불황 등 큰 지각 변동을 겪고 있음에도 그 사실은 변함이 없기 때문이다.

예를 들어 현재 금융 분야는 빅데이터를 활용한 인프라를 구축하고 있다. 금융기관들은 오랜 기간, 서로 경쟁하며 얻은 데이터를 보유하고 참고해 상품개발이나 고객 유치에 필요한 자료로 쓴다. 그렇기에 빅데이터는 코로나19 이후에도 가치 있게 이용될 것이다. 차이가 있다면 데이터의 양이 이전보다 훨씬 커진다는 점이다.

데이터 정보를 얻는 일은 앞으로 점점 더 중요해진다. 이것이 바로 블록체인Blockchain(공공 거래 장부라고도 부르며 암호화폐로 거래할 때 발생할 수 있는 해킹을 막는 기술-옮긴이)이 금융 분야에서 자주 활용되는 이유이다.

블록체인은 가장 널리 알려진 암호화폐로 사용되지만, 회계 소프트웨어의 한 종류로서 기록 보관을 위해 많이 활용된다. 현재 유용하게 사용 중인 블록체인 또한 이미 10년이나 된 기술이다. 새로 개발된 기술이 아니라는 것이다.

빛의 처리 속도를 가진 양자 컴퓨팅은 새로운 종류의 컴퓨터 기술이다. 엄밀하게 말하면 IT 분야이지만 금융 분야와도 밀접하게 관련이 있다. 주판을 사용했던 시기, 혹은《제시 리버모어의 회상Reminiscences of a Stock Operator》 책에서 언급되었던 불법 중개 거래가 성행하던 시절 이후, 금융 회사들은 시장에서 우위를 선점하기 위해 기술적으로 계산하고 분석이 가능한 처리 방법을 알아내려 노력했다. 그러나 컴퓨터가 일반화된 현대에서는 이 문제를 해결할 방법이자 대안으로 양자 컴퓨팅이 활용될 수 있다.

사이버 안전 문제 또한 장기적인 트렌드이다. 도둑들은 이제 말을 타거나 마스크를 쓰지 않고 손잡이가 진주로 된 리볼버를 가지고 다니지 않을 뿐만 아니라 기관단총을 숨기려고 트렌치코트도 입지 않는다. 서부시대나 온갖 폭력이 난무하던 시대의 금융기관은 맡겨진 보유 자산을 보호하기 위해 고군분투했다. 하지만 오늘날의 도난 대상은 '물건'이 아닌 컴퓨터 속 정보이다. 값이 정해져 있는 '물건'보다 '정보'의 가치가 훨씬 크기 때문이다. 코로나 이후의 세계는 이것이 더 크게 부각될 전망이다.

오늘날에는 디지털 암호단계 뒤에 숨은 잠재 도둑들이 증가하고 있다. 원격으로 도둑질이 가능한 세상이기에 범죄조직과 테러리스트들은 불법 행위를 할 목적으로 새로운 디지털 수단을 계속해서 찾아낸다. 그들은 종이로 된 무기명 채권bearer bonds보다 암호화폐를 노린다. 실제로 범죄조직 단체들이 코로나19 팬데믹 동안 암호화폐를 이용하는 모습을 보였다. 코로나 이후 미래에서 우리는 이와 같이 유사한 변화를 보게 될 가능성이 높다.

정치적 관점에서 보면, 정부는 수익보다 지출이 많아진다. 세계 GDP 대비 부채비율이 세계 제2차대전 이후 겪었던 수준을 넘어 사상 최고치를 경신함에 따라 예견하지 못한 경제 위기는 갈

수록 심각해질 것이다. 공산주의가 '기본 소득UBI'이라는 새로운 이름으로 세계무대에 재등장할 수도 있다는 말이다.

또한 금융의 미래에 영향을 주는 신기술과 트렌드가 무섭게 떠오르고 있다. 보기에는 아주 먼 옛날의 기술들과 별다를 게 없이 비슷하지만 코로나19 팬데믹 동안 최신 트렌드 변화와 개발 속도는 매우 빨라졌다. 이러한 기술과 트렌드는 앞으로 10년, 혹은 그 이후까지 금융 분야에 영향을 미치게 될 것이다. 이 책의 제목을《금융의 미래》라고 붙인 이유이다.

책의 구성에 대해

이 책은 중요한 기술과 트렌드 요소를 설명하기 위해 총 네 가지 주요 부분으로 구성되었다.

- 시장의 동향
- 기술의 동향

- 장기적 위험
- 세계의 동향

'시장의 동향'에서는 동향에서는 코로나19 팬데믹 이전 동향과 코로나19 팬데믹으로 금융 시장이 급변하는 문제에 대해 논의한다. 이러한 추세가 코로나 이후 시대를 맞이한 금융의 미래에 어떤 영향을 미칠 수 있는가에 대한 논의까지 포함했다.

제1부에서 다룰 내용을 간략하게 나열하면 기술과 금융이 얼마나 밀접한 관련이 있는지(Chapter 2), 핀테크를 있게 한 세 가지(Chapter 3), 수익률을 잡기 위한 사냥(Chapter 4), 시장 상관 관계 및 상호 관련 거래(Chapter 5), 리서치 분야를 압박하는 알파 캡쳐 시스템(Chapter 6), 집단 메뚜기 떼(Chapter 7)와 관련된 주제를 담고 있다.

제2부 '기술의 동향'에서는 코로나19가 대유행하기 이전 이미 발전하고 있었으나 코로나19 팬데믹, 경제 폐쇄, 불황기 동안 그

모습을 눈에 띄게 드러낸 핵심적인 신기술을 살펴보고자 한다. 이 신기술은 앞으로 수년, 혹은 수십 년에 걸쳐 금융의 미래에 영향을 끼칠 가능성이 크다. 빅데이터(Chapter 8), 자동화(Chapter 9), 블록체인(Chapter 10), 양자 컴퓨팅(Chapter 11), 사이버 보안(Chapter 12), 로보어드바이저(Chapter 13), 불안한 AI(Chapter 14)가 신기술에 해당한다.

제3부는 '장기적 위험'에 관한 내용이다. 미국의 부채와 재정 지원에 대한 조사(Chapter 15), 현대 통화 이론과 중앙은행의 대차대조표 확대 및 미래 경제에 영향을 주는 양자 상태와 금융 시장에서 가장 심각한 문제를 다룬다. 또한 UBI의 증가(Chapter 17)를 논의한다. 이와 관련하여 코로나19 팬데믹, 경제 폐쇄, 불황기에 경기 부양책으로 지급된 돈을 받고 또다시 공짜 돈을 달라고 아우성인 상황에 대해서도 논하고자 한다.

마지막 제4부는 '세계의 동향'을 살핀다. 금융에 유익한 영향을 준 혁신적인 핀테크 기술의 긍정적 관점(Chapter 18)과 ESG의 중요성 및 기업의 지속가능성 증가(Chapter 19), 세계 경제를 위한 무역의 중요성(Chapter 20)을 다룬다. 덧붙여서, 2차 냉전의 전야제가 될 수 있는 미국과 중국 간의 강력한 권력 다툼에 대한 평가도 다룰 예정이다.

끝으로, 현재와 미래에 있을 금융 분야의 변화에 한 걸음 더 다가갈 때 필요한 개인적이지만 사업적이고 전문가적인 조언을 담았다.

자, 이제 출발해보자!

금융 투자는 리스크가 크면 수익률이 높고
리스크가 적으면 수익률도 낮은 상충관계를 가진다.
그렇지만 큰 수익을 위해 리스크의 부담을 즐기지 마라.

제 1 부

시장의 동향

THE FUTURE
OF FINANCE
AFTER COVID

THE FUTURE OF FINANCE AFTER COVID

'시장의 동향'에서는 코로나19 팬데믹 이전 동향과 코로나19 팬데믹으로 금융 시장이 급변하는 문제에 대해 논의한다. 이러한 추세가 코로나 이후 시대를 맞이한 금융의 미래에 어떤 영향을 미칠 수 있는가에 대한 논의까지 포함했다. 기술과 금융이 얼마나 밀접한 관련이 있는지, 핀테크를 있게 한 세 가지, 수익률을 잡기 위한 사냥, 시장 상관관계 및 상호 관련 거래, 리서치 분야를 압박하는 알파 캡쳐 시스템, 집단 메뚜기 떼와 관련된 주제를 담고 있다.

CHAPTER 1

위기에 처한 금융

코로나19 팬데믹과 관련해 나는 7권의 책을 쓰고, 8개 온라인 강의 콘텐츠를 생산했다. 경기 침체의 위험을 알리고, 이해를 돕고, 피하고, 대처할 수 있도록 이끌고 싶었던 까닭이다. 여행도 갈 수 없고, 고객도 만날 수 없었지만, 코로나19 팬데믹이라는 이 떠들썩한 상황을 내 고객과 친구들, 정부 관계자, 혹은 다른 이들이 이해하도록 도와야 한다는 책임을 느꼈다. 이 책임과 충고가 콘텐츠를 만들도록 나를 자극했다. 내 직업이 경제학자이기 때문이다.

코로나19 팬데믹의 시작과 더불어 출간한 첫 번째 책은《코로나 이후의 세계》이다. 미래의 금융 산업과 그 밖의 주제에 대한 예측을 깊이 있게 다뤘다. 우리는 경제 폐쇄의 여파로 이미 경제 악화를 경험했기 때문에 코로나 이후의 세계에서 미래의 금융과 경제가 앞으로 어떻게 전개될 것인가에 대한 심층적인 논의가 필요한 시점이었다. 이 책은 아마존에서 베스트셀러가 되었고 해외로도 판권이 팔려나갔다.

금융의 미래에 대한 나의 관심과 연구는 코로나19 팬데믹 이전에 시작되었다. 2004년을 기점으로 비즈니스 경제학자로 줄곧 일해 왔지만, 금융의 미래와 핀테크 글을 처음 쓰기 시작한 것은 MIT에서 핀테크 전문가로 일하고 있을 때인 2016년이었다.

당시 순회강연은 '핀테크'가 주제였다. 이 수많은 강연은 녹화되어 유튜브에 올라와 있다.

www.youtube.com/jasonschenker

2017년 '금융의 미래'라는 강좌를 열었다. '퓨처리스트 인스티튜트에서 공인하는 미래학자'와 '미래 장기 분석'라 불리는 전문인을 양성하기 위해 만들어진 최초의 교육 프로그램이었다.

2019년에는 고객과 에이전트의 기대에 부응하는《금융의 미래는 지금이다The Future of Finance is Now》라는 책을 썼다. 베스트셀러로 이전에 내가 썼던 미래 기술에 관한 많은 책(《Jobs for Robots》,

《The Promise of Blockchain》, 《The Robot and Automation Almanac》, 《Quantum: Computing Nouveau》)의 뒤를 잇고 있는데, 금융의 미래도 포함되어 있다.

나는 요즘 연구하고, 강연하며, 기사를 쓰고 영상을 찍는 순간마다 '내가 하는 일이 얼마나 중요한 일일까?'라는 의구심을 갖지 못할 정도로 분주하게 움직이고 있다. 누군가 어떤 주제로 논의할 때 전문가적 견해가 드러나는 책을 쓴 저자가 아니면, 사람들은 그의 통찰력이나 전문지식을 의심한다. 바로 그러한 이유로 나는 《The Future of Finance is Now》와 《The Future of Finance After COVID》라는 두 권의 책을 쓰게 되었다.

금융의 미래는 굉장히 흥미로운 주제이다. 전문가로서 내 모든 경력을 근본적으로 바꾸는 계기이자, 내가 경제학자에서 미래학자로 탈바꿈하는 주제였다. 더불어 핀테크는 퓨처리스트 연구소라는 기관과 공인된 미래학자와 미래 장기 분석가라는 명칭을 신뢰하도록 만든 주된 원동력이 되었다.

2016년 나는 핀테크 스타트업 기업을 창립했다. 짧은 기간이었지만 기업 임원으로 재직하며 운 좋게 코로나19 팬데믹이 오기 전에 회사를 미래지향적으로 바꾸었다. 프레스티지 이코노믹스Prestige Economics와 퓨처리스트 인스티튜트의 초반과 현재의 사업 관행을 있게 한 '디지털 변환digital transformation'은 전 세계 금융 회사에 영향을 주고 있다. 이로 인해 코로나19 팬데믹이 경제를 파괴했던 역사의 한 장면으로 사라지더라도 '디지털 변환'은 계속될 전망이다.

금융의 미래는 역동적이고 파괴적이다. 더 흥미로운 부분은 10년 안에 다가올 이 변화가 이미 시작되었다는 사실이다. 코로나19 팬데믹 이후 신기술이 새로운 시장에 보급되고 특정 주요 기술이 완전히 포화 상태에 이를 것이다. 게다가 양자 컴퓨팅quantum computing과 같은 최첨단 기술은 빠르게 확대될 것이다. 여기에 더해 디지털화되고 가상화된 미래의 모든 금융 형태는 안전성과 밀접한 관련을 맺게 된다.

미래 금융의 트렌드는 기술 분야에서만 엿볼 수 있는 게 아니라 금융 안에서도 찾을 수 있다. 금융은 언제나 기술의 중심에 있던 산업이었다. 금융, 은행, 무역 사이에서 어느 쪽이 힘을 가지는가 하는 것은 곧 큰돈이 어디서 만들어지느냐에 따라 달라졌다.

부정적인 측면에서 바라보는 금융의 미래는 '지속가능성'과 연관되어 있다. 날이 갈수록 늘어나는 부채, 유동성 공급을 위한 중앙은행의 대차대조표 확대, 정부의 재정 지원이 얼마나 지속 가능하느냐에 영향을 받기 때문이다.

다음 장에서는 앞으로 빠르게 진행될 중요한 몇 가지 동향을 논하며, 앞으로 맞이하게 될 과제를 다루려고 한다. 현재와 역사적 맥락에서 금융의 동향과 기술을 살펴보려는 것이다.

코로나 사태에서 금융 상황 역시 위기에 처해 있다. 이는 금융에 있어서 가장 확실한 사실이며, 미래 금융에 끼칠 영향에 대해서도 마찬가지이다.

◆ 미래 금융 위기 대처법

최첨단 기술이 빠르게 확대된다. 디지털화되고 가상화된 미래의 모든 금융 형태는 안전성과 밀접한 관련을 맺으며 역동적이며 파괴적으로 다가온다. 금융은 기술의 중심에 있다. 신기술과 최첨단 기술이 빠르게 확대될 때 트렌드를 익히자.

CHAPTER 2

기술과 금융

돈이 있는 곳에서 기술이 만들어지기 때문에 금융은 기술의 최전선에 서게 된다. 만약 투자수익ROI이 높은 산업에 기술을 할당한다면, 정보를 화폐화한다는 점에서 금융이 최우선 순위를 차지할 것이다.

여기서 '정보'는 비공개정보Material Non Public Information(MNPI : 회사의 공식적인 자료는 아니지만 주가에 영향을 줄 수 있는 정보-옮긴이)나 이와 비슷한 정보를 말하는 게 아니다. 시장을 분석하고, 데이터 관계를 파악하며 매력적인 신제품을 만들 때 사용되는 기술과 관련된 투명한 정보이다. 이런 '정보'에 대해 논하는 이유는 금융계에서 다른 사람의 돈Other People's Money(OPM)을 운용할 때,

약간의 정보만 있어도 많은 수익을 올릴 수 있기 때문이다. 이것이 최근 몇 년간 사람들이 미래 기술에 주목하고 있는 이유이다.

코로나19 팬데믹, 경세 폐쇄, 불황기 동안 기술에 대한 흥미가 더욱 높아졌다. 추가수익을 생성하고 즉각적이고 확실한 수익을 창출하는 것 외에도 기술은 거래의 속도와 편의성을 높이고, 비용을 줄이고, 접근성을 높이는 일을 해왔다. 이러한 기술과 관련한 세 가지 수단은 다음 장에서 설명하도록 하겠다.

전반적으로 금융의 미래와 기술, 두 가지를 놓고 봤을 때 중요한 점은 가치 있는 새로운 혁신이 다른 산업에서보다 금융 산업에서 빠르게 받아들여질 가능성이 크다는 것이다. 금융이 재정적으로 많은 수익을 내는 산업일 확률이 높기 때문이다. 향후 10년 동안 미래 금융에서 더욱 새로운 혁신이 갑작스럽게 등장할 수도 있다. 이로써 금융기관은 그 어느 때보다 빠른 속도로 미래 산업의 중심 역할을 담당할 것이다.

이는 핀테크가 은행의 이윤을 잠식할 것처럼 위협하던 글로벌 경제 위기the Great Recession 이후 은행이 얻은 교훈이다. 20세기 초 대공황 이후, 2007~2008년 선진 금융 시장에 불어닥친 경제 위기에 은행은 값진 공부를 한 셈이다.

은행과 금융 서비스를 제공하는 회사는 현재 한 배에 올라 혁신을 추진하고 있다. 대형 은행들이 수년 전 엑셀러레이터Accelerator(창업 초기 기업이 빨리 성장 궤도에 오를 수 있도록 자금과 멘토링 지원을 하는 프로그램-옮긴이)와 인큐베이터Incubator(갓 창업한 소기업의 성장을 돕고, 자립화를 지원하는 일-옮긴이)를 시작한 이유이다. 그로 인해 기존 금융 서비스가 핀테크 솔루션Fintech Solution에 위협받는 형상이 되었다. 핀테크가 기존 금융 서비스의 '밥그릇을 뺏고' 있다는 느낌이 든다. 그러나 불안과 초조를 느낄 시간에 금융 서비스 핀테크에 주목하게 하는 편이 더 낫다. 잡아먹지 않으면 잡아먹힌다는 말도 있지 않은가.

코로나19 팬데믹, 경제 폐쇄, 불황이 서서히 회복세를 보일 때쯤 세계는 수익성을 높이기 위해 간접비overhead(기업 경영 시 매매 상품 또는 서비스와 직접 관련되지 않은 발생 비용-옮긴이)를 줄이는 방안을 찾는 데 노력할 것이다. 이때 핀테크가 금융 회사의 간접비를 줄이는 해결책으로 등장한다. 더 나아가 죽느냐 사느냐는 생존 문제를 놓고 회사가 씨름할 때, 인건비나 서비스 비용을 절감시켜주고 고객에게 편리와 편의를 제공하는 매력적인 선물로 다가선다.

코로나19로 인해 사업계획, 전략, 금융과 간접비용에 드리워진 경제와 금융의 그림자는 앞으로 10년 넘게 지속될 가능성이 크다. 세계 경제와 비즈니스 환경 때문에 핀테크가 더 발전한다는 의미이다. 또한 전통적인 금융 회사는 금융 서비스 분야에서 혁신을 촉진하기 위해 엑셀러레이터와 인큐베이터를 운영하는 회사를 지원하려 한다. 이렇게 변화된 환경에서 기업의 핀테크 도입은 금융 서비스 회사로부터 지속적 지원을 받는 계기를 제공하는 격이다.

이제 돌아갈 길은 없다. 핀테크가 시대의 대안으로 떠오르며 변화를 이끄는 가속페달을 밟고 있다. 저비용을 들여 사람들이 금융 서비스 환경에 편리하게 접근하도록 도와 속도가 빨라질 것이다. 그로 인해 금융 미래의 모든 대안 가운데 핀테크가 가장 유력하다.

◆ 미래 금융 위기 대처법

핀테크가 주도하는 금융 환경에 적응하자. 코로나19 팬데믹, 경제 폐쇄, 불황기 동안 기술에 대한 흥미가 더욱 높아졌다. 금융계는 비용을 줄이면서 기술로 추가 수익을 생성하고 즉각적이고 확실한 수익을 창출하려 한다. 더불어 거래의 속도와 편의성을 높이며, 접근성을 높이는 환경을 추구하게 될 것이다.

CHAPTER 3

변화의 수단

금융 기술Financial Technology, 즉 '핀테크Fintech'는 변화를 일으키는 세 가지 주요 수단으로 금융의 혁신과 붕괴를 이끌고 있다.

첫 번째 수단은 비용 절감이다

핀테크 기술은 주식을 사고파는 것부터 자금을 이전하고, 대금을 받는 것뿐 아니라 지급하는 데까지 모든 면에서 금융 활동의 비용을 줄인다. 최근에는 중개업자와 은행이 무료로 금융 거래를 제공하는 결과를 낳았다. 이로써 전통적인 금융 서비스 회사들은 핀테크가 불러일으킨 저가 옵션과 경쟁하려면 새로운 기술을 받아들이거나 그것을 인정하고 성장시켜야 한다.

코로나19 팬데믹이 일어나자 로빈후드Rovinhood와 같은 무료 온라인 거래 프로그램에 새로운 계좌가 엄청나게 만들어졌다.[1] 집 밖 출입이 자유롭지 못한 상태에서 사람들이 거래trading를 시도한 것이다.

모르는 것도 많고, 경험도 없는 초보 거래자에게는 상당한 난관이 있지만, 어쨌든 사용이 용이하고, 변덕스러운 금융 시장에 편승할 기회였다. 더구나 무료 온라인 거래이기에 비용을 절감하는 효과까지 누릴 수 있었다. 로빈후드 사업은 대박이 났다. 이후 로빈후드를 넘어 다른 거래 앱 수요 또한 급증했다. 여기서 증명된 사실은 소비자가 소비를 결정하는 데 비용이 중요한 요소로 작용한다는 점이다.

핀테크가 변화를 이끈 두 번째 수단은 사용자 경험이다

핀테크 기술은 비용 절감과 고객의 경험 향상에 기여한다. 사실상 핀테크 성공의 핵심은 바로 '경험'이다. 핀테크 분야의 어플은 사용자 인터페이스User Interface(UI)/사용자 경험User Experience(UX)을 최우선으로 여긴다. 적은 비용으로 기대를 충족하는 긍정적인 경험을 하게 하는 것, 바로 이것이 이용자의 허를 찌르는 핀테크 기술의 전략이다.

만약 핀테크 회사 간판이 '디지털'이라면 아주 강력하고 긍정적인 인상을 주어야 한다. 체이스뱅크Chase Bank, 도이체방크Deutche Bank, 골드만 삭스Goldman Sachs 등 크고 유서 깊은 금융 회사처럼, 혹은 아인 랜드Ayn Rand(미국의 소설가이자 정치철학가-옮긴이)가 소설에서 언급한 철과 유리로 된 고층 건물만큼이나 말이다. 그러나 유념해야 할 사항은 핀테크 이용자에게 초고층 건물 높이는 중요하지 않다는 사실이다. 그들은 단지 자신이 얼마나 쉽게 자산을 이용할 수 있는지, 또 자산을 옮길 수 있는지 같은 실질적인 기능에 집중한다.

핀테크의 마지막 세 번째 중요 수단은 접근성이다

핀테크 기술은 새로운 시장이 확대되기를 바란다. 이전에는 제한적으로 제공되었던 금융 서비스가 이제는 누구에게나 열려 있다. 그만큼 접근이 용이하고 편리해졌다.

최근 몇 년간 접근성이 보편적으로 적용된 예는 사모펀드Private Equity(비공개 소수 투자자의 자금을 모아 주식이나 채권에 투자하는 고수익 기업투자 펀드-옮긴이)와 크라우드펀딩Crowdfunding(사업 자금이 필요한 사람이 인터넷에 프로젝트 제안서를 올리면 이에 공감하는 다수의 사람이 소액을 기부해 후원금을 조달하는 방식-옮긴이)도 있다. 그러나 이전에 사모펀드는 수입이 높거나 자산이 검증된 투자자에게만 제한되었다. 하지만 규정이 바뀌면서 이제는 모든 이들이 이용할 수 있다. 그 결과 자금을 마련해야 하는 회사 측에는 유용하지만, 투자자 입장에서는 수익률 달성이 굉장히 어려워 손실을 보기도 한다.

새로운 투자와 자산관리의 편리를 돕는 핀테크 기술은 혁신의 중대한 선구자로서 수년간 극찬받았다. 누구나 이용하도록 보편화되는 단계에서 코로나19 팬데믹 시대를 맞았다. 그러나 핀테크 기술은 위축되거나 퇴보하지 않고 진일보했다. 이전 일반 대중이 이용하기 어려웠던 보험, 은행, 사모펀드의 금융 서비스 접근이 핀테크를 통해 이루어지고 있다. 핀테크 사용률 증가가 코로나19 전에는 하나의 특징에 불과했다면, 코로나19 팬데믹 이후에는 보편적이고 대중적인 현실이 된 것이다.

이제는 오프라인 은행이 문을 닫아도 걱정하지 않는다. 은행 어플로 금융 거래가 가능하기 때문이다. 이는 사람들이 핀테크 솔루션으로 방향을 트는 또 다른 이유가 된다. 시간 관계상 오프라인 은행을 가거나 물리적으로 자산 운용 매니저들을 만날 수 없을 때 대중은 금융과 보험에 대한 니즈를 충족시킬 또 다른 방법을 찾는다. 바로 온라인 은행, 핀테크 기술이 도입된 금융, 핀테크 어플이다. 편리하고 사용이 용이하다는 장점이 이용자의 만족도를 높여 각광받고 있다.

근래 많은 사람이 케이블 TV를 잘 보지 않는 것과 같은 맥락이다. 사람들은 유튜브 등 온라인 엔터테인먼트 쪽으로 이동하지 않는가. 이제 사람들은 일방적인 제안보다 자신이 원하는 요구를 더 정확히 충족시켜줄 도구를 찾는다.

이전부터 사람들은 더 나은 편이성과 접근성을 낮은 비용으로 해결하길 원하고 있었다. 무한계비용zero marginal(디지털을 이용하여 비용이 크게 절약되는 비용-옮긴이)의 애플리케이션이 제공되기를 바랐다. 사회적 거리 두기가 계속되어야 하는 시점에서 시장과의 상호작용이 제한됨에 따라 사람들은 영구적으로 은행, 보험 사무소, 회계 회사 등의 금융 전문가와 직접 만나기보다 거리를 두려고 한다. 일부러 시간을 내야 하는 불편함도 감당하려 하지 않는다. 그로 인해 트렌드와 변화를 반영해 성공적으로 이끈 이러한 수단은 코로나로 인한 경기 침체가 끝난 후에도 발전을 거듭할 것이다. 이는 투자, 금융 활동, 금융 서비스 산업 전반에 걸쳐 좀 더 완전한 원격, 온라인, 크라우드 기반을 중심으로 진행될 전망이 유력하다.

사실 금융 서비스 회사는 코로나 팬데믹 전부터 디지털에 접근하고 있었다. 밀레니얼 세대와 X세대를 겨냥한 전략이었는데 그 침투력이 대단했다. 여기에 더해 코로나19 팬데믹은 세대를 막론하고 어플, 온라인 은행, 거래 플랫폼을 사용하도록 강요했다. 처음 접했을 때 불안해하던 기성세대들도 이제는 적응하고 능숙하게 이용한다. 핀테크 기술과 온라인 금융의 확장은 이제 필수 불가결한 요소가 되었다.

나는 금융 서비스의 형태가 직접 방식 또는 반 직접 방식으로 전문지식이 이용될 것으로 예상한다. 고소득층이나 기업, 기관 소비자는 고급 정보나 전문지식에 프리미엄 비용을 기꺼이 부담하고 이를 취할 가능성이 크다. 그러나 일반 소매 투자자들은 약간의 정보나 지식이 부족한 채 더 복잡해진 금융 앞에서 결정을 내리기 위해 고군분투할 것이다.

◆ 미래 금융 위기 대처법

전문 지식, 프리미엄 정보에 드는 비용을 아까워하지 말자. 금융 서비스를 이용하는 사람들은 이제 비용 절감, 실질적인 수익, 쉬운 접근성을 원한다. 또한, 일방적인 제안보다 자신이 원하는 요구를 더 정확히 충족시켜줄 도구를 찾아야 한다. 정보나 자료가 부족하면 뒤처지게 마련이다.

CHAPTER 4

수익률 사냥

지난 수년 동안 난제 중 하나는 수익률 사냥, 즉 투자 수익률 추구였다. 채권 수익률bond yields과 국채 수익률treasury yield은 낮고, 부동산 가격은 오르고, 자기 자본 배수율equity multiple은 높았다. 코로나 이후 경제 폐쇄에 대응하여 내린 주요 중앙은행의 대차대조표 확대는 이런 역학 관계를 훨씬 더 악화시켰다.

그렇다면 수익을 창출하기 위해 어디에 투자해야 하는가? 상대적으로 안전한 수익률을 보장해주며 안정적인 고정 수입을 가져오는 투자처는 어디인가? 이는 어려운 질문이다. 전 세계가 팬데믹 상황에 놓여 있는 지금 모든 투자처의 수익은 하향곡선을

[도표 4-1] 1980-2018 미국 전체 상장 기업 수[1]

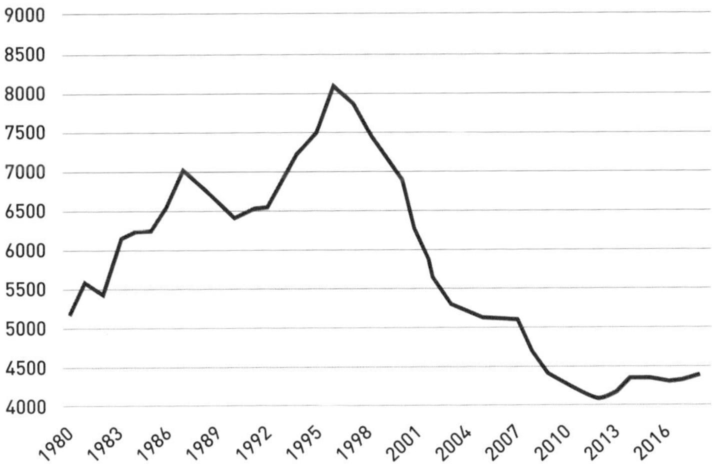

출처: 세계은행, 퓨처리스트 인스티튜트

타고 있기 때문이다.

유럽에서는 유럽중앙은행European Central Bank(ECB)이 2014년 이후 마이너스 예금 금리가 되었다. 가까운 미래 특히 코로나 이후에도 이 상태를 계속 유지할 것으로 보인다. 여기에 더해 중앙은행들은 경기 침체downturn가 있을 때마다 대차대조표balance sheet를 공시할 것이다. 이렇듯 금융의 미래가 밝지 않고 지속적으로 낮은 이자율을 보이기에 이 난제는 오랜 기간 풀리지 않을 전망이다.

나는 2016년 이후 이러한 역학 관계dynamic를 예견했다. 문제는 역학 관계를 떠나 수익률을 챙기기 더 어려워지는 이유가 하니 더 발견됐는데, 수익률은 낮아지고 투자할 만한 자산의 수가 크게 줄었다는 사실이다. 멀티플multiples을 높이는 요소 중 하나인 투자자산은 미래가치에 가중치를 부여한다. 그러나 [도표 4-1]에서도 볼 수 있듯, 상장 기업의 수가 최근 몇 년간 거의 절반으로 급감해 악조건이 되었다. 예상컨대 코로나 이후 그 수는 더욱 떨어질 선방이다.

코로나19 팬데믹, 경제 폐쇄, 불황 이후 항공사, 호텔, 레스토랑, 자동차 제조사, 석유와 가스 회사의 기업 인수·합병은 불가피하다. 코로나가 장기화되면서 수요 감소와 가격 하락에 영향을 받아 간접비를 분산시키고자 하는 기업 역시 인수·합병을 택할 것이다. 그로 인해 상장된 기업의 수가 줄어든다.

투자처의 감소는 투자자의 주식 자산 감소로 이어진다. 이것은 가치평가valuation 멀티플을 불합리한 수준으로 밀어붙이며 투자를 위협한다. 이를 증명하듯 일부 역학 관계가 ETFexchange-traded funds(상장지수펀드 : 인덱스펀드를 거래소에 상장시켜 투자자들이 주식처럼 편리하게 거래할 수 있도록 만든 상품 – 옮긴이) 때문에 악화되고 있다. 투자자들이 ETF에 몰리기 때문이다. 유동성 높은 현금을

[도표 4-2] 1980~2019 동안 기업공개의 수[2]

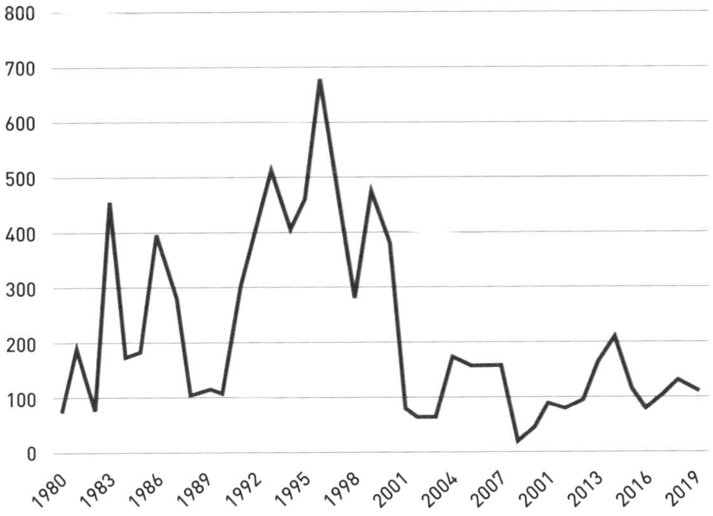

출처: 플로리다 대학교, 퓨처리스트 인스티튜트

소유한 대규모 주식 매수자들이 수동적 자산관리의 형태로 ETF를 선택하는 것이다. [도표 9-2]를 보면 ETF의 증가를 볼 수 있다. ETF 수가 증가해도 주식 공급은 제한적이라 매수자가 몰리고 과열 경쟁이 일어난다. 나는 이것을 9장에서 좀 더 자세히 다루겠다.

매수 집중과 인수합병으로 시장 내 주식 수 감소와 더불어 시장에 새롭게 진입하는 상장 기업의 수도 상당히 줄어든다. 최근 수년간 기업공개Initial Public Offering(IPO)가 크게 줄어 전체 기업 수와 대비했을 때 상대적으로 낮은 비율이다. 이러한 역학 관계는 [도표 4-2]에 나타난다. 지속적인 인수합병, ETF의 매수, 기업공개를 통한 새로운 기업의 감소 등은 역학 관계 선상에 놓여 있다. 그 결과 주식투자자의 가치기회value opportunity를 줄이도록 위협하는 상황이 연출된다.

이러한 역학 관계는 전혀 새로운 것이 아니다. 코로나19 팬데믹 이후, 기업이 수익을 내고자 도끼로 뚝뚝 잘라내듯 간접비를 줄일 때 인수합병의 속도는 가속화된다. 합병이 간접비를 절약하는 하나의 방법이기 때문이다. 안타깝게도 이러한 역학 관계는 현재를 넘어 미래에도 지속될 가능성이 크다. 그러나 주식투자는 수익률을 좇는 일이기 때문에 이러한 상황을 낙관적으로 보지 않아도 된다.

가까운 미래 금융의 더 큰 위험 요소는 마이너스 수익을 보이는 공개기업이 증가한다는 점이다. [도표 4-3]에서 볼 수 있듯 마이너스 수익을 내는 기업공개가 2018년 81%였다. 이는 테크버블tech bubble이 꺼지기 직전인 1999년 마이너스 수익의 기업공개 비율과 같은 수치다.[3] 최근 경기 사이클만 보더라도 마이너스 수익을 내는 공개기업의 상승 추세는 이전 주기보다 더 극

[도표 4-3] 1980-2019 마이너스 주당 순이익의 기업공개 수[4]

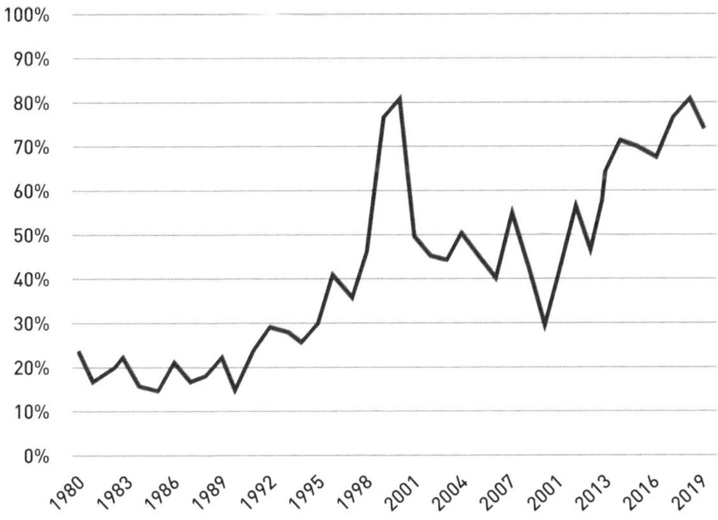

출처: 플로리다 대학교, 퓨처리스트 인스티튜트

심해졌다.

문제는 투자자가 투자할 만한 공개기업이 줄어 뉴노멀New Normal(시대 변화에 따라 새롭게 부상하는 표준으로, 경제 위기 이후 5~10년간의 세계 경제를 특징짓는 현상 – 옮긴이) 현상이 일어난다는 것이다.

ETF가 포트폴리오portfolio(주식투자에서 위험을 줄이고 투자수익

[도표 4-4] 1990~2019 기업공개 수익률(마이너스/플러스 수익 비율)[6]

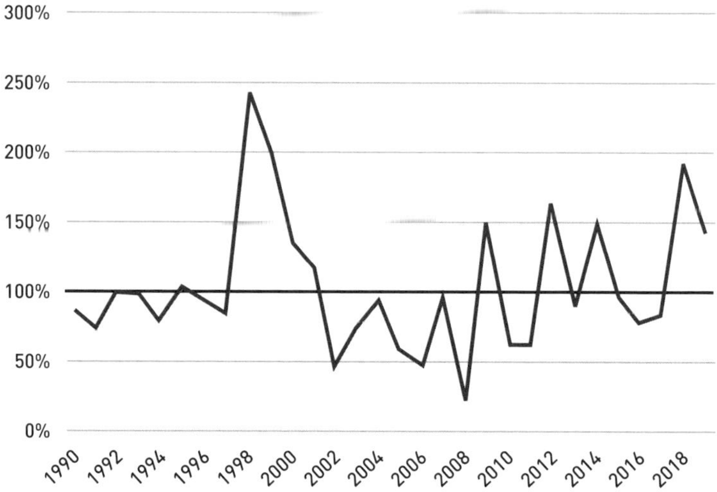

출처: 플로리다 대학교, 퓨처리스트 인스티튜트

을 극대화하기 위한 일환으로 여러 종목에 분산 투자하는 방법 - 옮긴이)를 다각화해도 문제는 나타난다. 투자할 기업이 줄었기 때문이다. 그로 인해 마이너스 수익을 가지는 회사에도 추가 수요가 생긴다. 실제로 마이너스 수익을 내는 회사가 기업공개 당일, 플러스 수익을 창출하는 회사보다 더 큰 수익률을 보이기도 한다. 2018년 마이너스 회사 기업공개일 수익률은 플러스 기업의 2배에 육박했다. 2019년 그 수치가 떨어지긴 했지만 여전히 높은 채로 남아 있다. [도표 4-4]가 이러한 역학 관계를 보여준다.

일부 분석가와 투자자는 이런 현상을 '플러스 수익 신화'라고 설명한다. 다시 말해 기업공개 당일 주식가격이 항상 올랐기 때문에 당연히 오를 것을 기대하고 투자한다는 것이다. 마이너스 기업이지만 매출을 내기 이전의 기업이나 사업 초기 단계의 기업은 본래 가치보다 높게 평가돼 거래된다. 특히 민간 펀딩에서 이런 역학이 드러난다.

창업 이후 자금 조달 단계는 Pre-seed round, Seed round, Series A, B, C로 나뉘는데 Seed round에서 Series A와 그 이상 기업공개에 이르면, 마이너스 수익을 내는 기업의 가치는 상승한다. 실질적으로 수익을 내지 못함에도 불구하고 말이다.

이에 나는 2019년 한 해 동안 다수의 공개기업이 마이너스 수익을 지속할 것이라 경고했다. 현 금융 시장에서는 마이너스 수익의 기업비율은 역사상 가장 높은 수준이다. 이는 앞서 예측한 바와 같이 경기 후퇴와도 연관되어 있다.

세계적으로 중앙은행의 양적 완화는 과잉 현금과 유동성을 만들어냈다. 그 결과로 시장의 잠재 수익률까지 떨어졌다. 물론 양적 완화는 글로벌 경제 위기와 코로나19 불황 위기에 세계 경제를 자극하는 효과적인 방법으로 쓰인다. 하지만 과도한 자본 추구capital-seeking형 수익률을 기대하는 결과를 초래한다. 그래서 현재 투자자들은 투자 가능한 대상이 부족한 현상을 한탄한다. 수중에 투자금은 있는데 적절한 투자처를 찾지 못해 묶여 있다는 것이다.

평가를 부풀려 가치 있는 자산으로 만들 수도 있다. 게다가 과도한 유동성, 투자할 만한 자산의 부족, 좋은 기회를 놓치지 않으려는 심적 상태Fear Of Missing Out(FOMO)에서는 너도나도 할 것 없이 개인을 투자에 뛰어들게 만든다. 실제로 평범한 사람들이 기절초풍할 만한 거래를 하기도 한다. 그래서 나는 조심스럽게 미래 금융은 공모시장Public Market에 나타난 역학 관계가 사모시장Private Market으로 흘러가지 않을까 예상한다.

코로나19라는 최악의 시간 동안 연방준비제도이사회(Fed), 유럽중앙은행European Central Bank(ECB), 그 외 다른 중앙은행에서는 전례 없이 유동성 공급을 신속하게 결정했다. 이는 주식 시장을 부양하는데 큰 도움이 됐다. 그러나 이 유동성 공급이 투자를 압박했다. 게다가 통화 수용monetary accommodation(화폐 수요의 변화에 의해 물가나 이자율이 변화하는 것을 방지하는 방향으로 통화 공급량을 조절하는 정책 - 옮긴이) 기간이 지속되면서 연방준비제도이사회와 다른 중앙은행이 부채를 감당해줄 마지막 수단이라는 기대를

하게 됐다. 유동성 공급이 '나쁜 습관'을 만들어낸 것이다. 결국, 글로벌 금융 및 경제 위기, 코로나19 팬데믹이 좋지 않은 습관을 부추긴 꼴이다.

이전에도 위와 같은 역학 관계가 오래 지속될 때 대가를 치룬 적이 있다. 비록 코로나19로 인한 경제 폐쇄 직후 주식 시장이 V자형 회복세를 보여줄 만큼 상대적으로 빠르게 상승했다 하더라도 여전히 위험은 존재한다. 절대 망하지 않고 오래 유지되는 시스템이라 해도 수익률 사냥은 앞으로 10년 동안은 어렵다. 결론적으로 금융 투자는 리스크가 크면 수익률이 높고 리스크가 적으면 수익률도 낮은 상충관계를 가진다.

그러나 생각해보라. 리스크가 없다고 수익성 역시 없을 것인가?

◆ 미래 금융 위기 대처법

금융 투자는 리스크가 크면 수익률이 높고 리스크가 적으면 수익률도 낮은 상충 관계를 가진다. 그렇지만 큰 수익을 위해 리스크의 부담을 즐기지 마라. 수익을 창출하기 위해 상대적으로 안전한 수익률을 보장해주며 안정적인 고정 수입을 가져오는 투자처를 찾아라. 모든 투자처의 수익은 하향곡선을 타고 있더라도 상승곡선을 그리는 투자처는 분명 있다.

CHAPTER 5

시장 상관 관계

최근 불황과 코로나19로 경제가 침체되는 동안 시장은 서로 간에 더욱 밀접한 상관 관계를 맺게 되었다. 시장이 교차하면서 의존성을 갖게 되었는데 산업용 금속 가격과 주식, 달러와 금값, 채권 수익률이 대표적인 예이다. 이들 가격은 매우 급변하는 경제의 소용돌이에서 교차의 정도, 의존 대상의 상황에 따라 큰 진폭의 움직임을 보였다.

요약하자면 미래에는 시장이 교차하며 상관 관계를 맺음으로써 가격이 형성된다는 것이다. 달러, 금값, 유가, 금속 가격, 주식 등 이들의 관계는 더욱 뚜렷한 양상으로 나타난다. 이런 역학 관계는 새로운 게 아니다. 나는 이 예측을 10년 넘게 프레스티지 이코노믹스를 운영하며 뒷받침하고 있다.

시장 상관 관계가 증가하는 이유는 금융화Financialization(금융을 경제 성장의 주된 동력으로 삼는 것 – 옮긴이), 알고리즘에 의한 거래, 시장 전반에 걸친 기술거래 때문이다. 더 많은 통계가 분석되고 모델들이 구축됨에 따라 거래를 결정할 때 이전에는 연관성이 없었던 관계가 강화되며 중요한 요인으로 작용한다.

물론 시장에 영향을 주는 통화 정책의 조치와 경제 데이터도 무시할 수 없다. 이전 장에서 설명했듯 중앙은행의 양적 완화는 주식, 상품가격, 실물자산에 이르기까지 관련된 모든 가치를 끌어올리는 결과를 가져온다. 총수요를 쥐어 짜내기 위해 만들어진 양적 완화 프로그램으로 전 세계 수요를 증가시키고 가격을 올리는 효과를 발휘할 것이다. 예측하건대 코로나19 이후에도 이런 상황은 빈번히 일어날 수 있다.

경제적인 측면에서 보면 구매관리자지수PMI가 자본 집약적인 제조 산업의 흐름을 읽어내 시장의 움직임과 전반적인 GDP지수도 파악하게 돕는다. 80/20의 세계에서 미국 ISM 제조지수U.S. ISM Manufacturing Index, 유로존의 제조업 구매관리자지수와 중국의 Caixin 제조업 구매관리자지수는 제조업으로 인해 세계 GDP가

열세임에도 세계 경제는 건강하다는 자료를 낸다. 그래서 세계 경제의 동향파악을 위해 꾸준히 지켜봐야 할 중요한 자료로 이용된다.

경제지표와 통화 정책을 주도하는 펀더멘털Fundamenta(한 나라의 경제상태를 표현하는 데 있어 가장 기초적인 자료가 되는 성장률, 물가상승률, 실업률 등의 주요 거시경제지표-옮긴이)은 금융 시장에 지속적인 영향을 줄 것이다. 그러므로 펀더멘털과 기술의 혼합은 미래 금융 시장을 이끌 요인이 된다. 기술거래와 시장의 상관 관계에서 주도권을 쥘 것이며, 시간이 지남에 따라 기술이 결합된 교차시장의 상관 관계에 영향을 끼칠 것이다. 따라서 차익 거래Arbitrage(동일 상품이 지역에 따라 가격이 다를 때 이를 매매하여 차익을 얻으려는 방법-옮긴이)를 효과적으로 제거할 수 있다.

◆ 미래 금융 위기 대처법

금융 시장의 상관 관계에 주목하라. 알고리즘에 의한 거래, 시장 전반에 걸친 기술 거래로 더 많은 통계가 분석되고 모델들이 구축된다. 이들은 거래를 결정할 때 이전에는 연관성이 없었던 관계가 강화되며 중요한 요인으로 작용한다.

CHAPTER 6

알파 캡처

금융 시장의 리서치 영역은 코로나19 팬데믹 이전에 상당히 진전된 분야였다. 미래 금융 시장 조사와 거래 시스템을 알파 캡처Alpha capture라고 부르며 이용했다.

2018년 초 유럽에서는 MiFID IIMarkets in Financial Instruments Directive 규정이 시행되었다. 펀드매니저 거래와 자산관리로부터 리서치를 분리하도록 한 조치이다.

이제 펀드매니저들은 리서치 비용을 스스로 부담해야 한다. 그렇지 않으면 고객이 지불하는 예산과 함께 리서치 비용 계좌를 만들어야 한다. 즉 기관 투자자와 펀드 회사가 리서치를 사기 위해 승인받은 자금을 얻어야만 한다는 말이다. 이것은 이들에게 까다로운 요구사항이다. 또한, 기관 투자자를 위해 금융 시장 정보를 제공하는 리서치 회사에는 비극적인 일이다.

이제껏 기관과 펀드 회사를 대상으로 벌어들이는 리서치 시장의 수입은 매우 좋았다. 개인 분석가와 큰 자금을 운용하는 작은 회사들도 잘 유지되었다. 그러나 규정이 바뀌면서 이제는 어려움에 직면하게 됐다. 실제로 최근 몇 년간 작은 리서치 회사들은 무수히 문을 닫았다, 분석가는 독립된 조사자로 남기보다 콘텐츠 마케터content marketer 역할을 하기 위해 큰 은행과 기업으로 돌아갔다.

코로나19가 터지기 전 나는 MiFID Ⅱ가 시행된 이후, 조사자들이 알파 캡처라 불리는 시스템 속에서 얼마나 돈을 잘 벌 수 있는지를 상당히 은밀하게 바라보았다.

간단히 말해, 알파 캡처 시스템은 통제되고 허가받은 조사자들이 펀드 회사 또는 기관 투자자에 의해 운영되는 거래 플랫폼에 직접 거래 추천을 한다. 그 추천으로 인해 수익이 나면 그 분석가는 보수를 받는다. 그리하여 분석가는 주식투자에서 위험을 줄이고 투자수익을 극대화하기 위해 여러 종목에 분산투자하는 포트폴리오Portfolio를 더 많이 하게 된다. 그러나 추천했던 거래로 인해 수익을 내지 못하면 그 분석가는 퇴출된다.

금융 회사가 간접비의 지출을 줄이고자 할 때 알파 캡처 시스템은 자산관리 분야를 엉망으로 만들 수 있다. 이전에는 자산관리자들이 금융 회사에 소속되어 자산관리와 리서치를 함께했지만 알파 캡처 시스템이 도입되면서 리서치와 거래 결정을 외부의 분석가와 조사에 외주를 준다. 비용을 줄일 수 있다는 명목이다. 여기서 끝이 아니다. 펀드를 놓고 알파 캡처 시스템을 이용하는 사람은 상당히 탐구적이다. 그들은 분석가의 추천을 신중하게 검토한 뒤 추천된 거래를 할 수도 있고 단순히 '실행' 버튼만 누를 수도 있다. 어쩌면 버튼조차 없이 그대로 이용될지 모른다. 어떤 분석가가 일단 추천하면 거래가 실행되는 완전히 자동화된 시스템일 수도 있다. 이 모든 거래의 뒷받침은 분석가가 하고 있다는 사실, 이 점을 간과하면 안 된다.

나는 2018년에 알파 캡쳐 시스템을 이용하는 펀드 회사와 두 차례 만난 적이 있다. 두 번 다 규제 관리 감독문제로 거래는 무산되었다. 이 문제에 대해 유럽에서 수십억 달러를 운용하는 펀드 회사는 나에게 규제를 받을 필요가 없다고 했다. 미심쩍었던 나는 텍사스 등록 투자 고문Texas Registered Investment Advisor, Prestige

Asset Management, LLC에 검토를 의뢰했다. 역시나 펀드 회사의 판단은 잘못된 것이었다.

한편 나는 규제를 받아야 하는 활동이라는 점에 주목했다. 알파 캡처 시스템이 아주 구체적인 정보, 달러의 규모, 계약 내용을 포함해 거래 추천하는 게 확실한 자산관리같이 보였다. 단순히 시장 보고서를 쓰는 것보다 분석적이고 객관적인 지표를 읽는 장점이 있었다. 펀드 회사에 소속되어 실제 거래를 주도하지 않더라도, 알파 캡처 플랫폼을 이용한 거래 추천은 미래지향적이었다.

며칠 후 전에 상담했던 펀드 회사와 다시 얘기를 나눌 기회가 왔다. 그들은 내게 미국 내 감사부서의 규제를 받을 필요가 없다고 여전히 확신했다. 그래서 내가 당국에서 들은 내용을 전해주었다. 이 경우에 '규제'는 어떤 의미일까?

규제가 의미하는 바는 나의 기준을 공유하고 내가 청렴한 전문직이며 범죄 이력이 없다는 것을 보여주는 서류를 제출하는 것과 같다. 그들은 내가 받는 최대 수수료를 공개할 것을 요구한다. 역으로 내가 플러스 수익률을 만들어내는 추천을 하지 못했을 경우 돈을 받지 않았다는 것도 공개하라는 것이다. 참, 말이 되는 소리다.

그 펀드 회사는 자기들의 법적 이익을 위해 공개해야 하는 양식에 사인을 거부했다. 규제를 받는 분석가를 회사에 둘 생각이 없음을 명확하게 밝힌 것이다. 그럼에도 불구하고 그들은 나를 승인하기 전에, 자신들의 플랫폼을 위해서 내가 미국 규제 기관인 금융산업규제기구Financial Industry Regulatory Authority(FINRA)의 CRD 번호가 있어야 한다고 강요했다. 즉, "당신은 회사를 위해서 규제받지만, 나는 규제 당국으로부터 법적으로 요구되는 서류에 사인하지 않고 싶다."라는 의미이다. 나는 이와 비슷한 상황을 두 번째 펀드 회사에서도 겪었다.

펀드 회사는 자신들의 수익은 공개하지 않으면서 왜 분석가는 규제받기를 원하는가? 분석가가 받는 규제의 내용에 관심도 없으면서 말이다.

회사의 이 논리로 인해 많은 분석가는 규제의 곤경에서 허우적거린다. 반면 회사는 규제의 늪에서 벗어나 아주 큰 수익률을 올리는 거래를 잡으려 한다. 알파 캡처 시스템을 이용하여 '제시하는 거래 추천이 모두 법적이고 오픈된 정보에 근거'해 규제에 문제가 되지 않도록 회사 대신 분석가들이 사인하기를 원한다.

이러한 플랫폼에 종사하는 수백 명의 분석가와 펀드 회사의 모습을 보면 나는 이러한 시스템 도입 목적이 비공개정보를 가지고 거래 추천을 함으로써 오히려 시장을 혼란스럽게 만드는 것은 아닌지 의구심이 든다.

알면서 모르는 척하는 것일까? 아니면 규제 당국의 눈을 피해 평균 수익률 거래와 엄청난 규모의 거래를 섞으려는 의도 아닐까? 분명 파프리카 맛이 나지만 사실 정확히 그게 어디에 들어 있는지는 알 수 없는 헝가리 스튜 굴라시goulash 처럼 묘하게 뒤섞인 요리 같다. 명확히 보이지 않는다. 그러니까 더 궁금하다.

미국 기관 투자자 거래와 실행부터 리서치가 분리됨에 따라 알파 캡처 시스템이 크게 확산되었다. 앞에서 살펴보았지만 시스템 중 일부는 공정할 수도 있고 그렇지 않을 수도 있다. 어느 경우든 개인 분석가의 상황은 악화된다. 이들은 마치 돈, 성공, 권력을 바라고 옳지 못한 일을 하기로 동의한 파우스트처럼Faustian 망하지 않고 버티기 위해 합법적이지 않은 알파 캡처 시스템을 사용하는 펀드와 거래를 할지 모른다. 안타깝지만 이러한 상황은 기관 투자자나 펀드 회사와 일하는 금융 조사 기업의 미래이다.

코로나19 팬데믹과 불황 이전에는 전 세계적으로 호황기였다. 글로벌 경제는 튼튼했다. 미국 금융 시장은 견고했고 실업률은 50년 만에 최저치였다. 그러나 코로나19 팬데믹이 경제와 금융 시장을 뒤집었다. 이제 기업은 간접비와 직원의 수를 줄일 수밖에 없는 실정이다.

투자 관리 회사는 간접비를 줄이려 한다. 사무실 공간과 장비 비용, 고객들을 직접 상대하지 않는 백오피스back office 부서와 포트폴리오 관리 활동까지 모든 것을 절감하려 든다. 펀드 회사는 적은 비용으로 수익 창출을 노린다. 외부 위탁된 리서치와 펀드 회사의 활동은 이들 비용을 줄여준다. 때론 규제를 뒷전에 두고 말이다.

그로 인해 코로나 이후 금융 자문사, 펀드 회사, 자산관리 회사의 운용자금을 관리하는 회사는 늘어나도 소속된 전문분석가는 훨씬 더 줄어든다. 알파 캡처 시스템을 거래 추천에 활용하여 내부 전문가를 줄이고 인건비를 절감하며 외주를 주어 적은 비용으로 문제를 해결할 것이다.

결국, 펀드 회사는 개인적 거래에 대해서는 책임지지 않고 오직 전체 거래에 대해서만 책임지려 할 것이다. 내부적으로 거래 기록을 보관하지만, 알파 캡처 시스템이 가지는 투명성이 심하게 부족할 수 있기 때문이다. 나도 내가 틀렸으면 한다. 그러나 분명 그렇게 된다.

◆ 미래 금융 위기 대처법

금융 회사도 회사이다. 적은 비용으로 최대의 수익을 올리려 한다. 거래는 받기지만 책임은 피한다. 알파 캡처 시스템을 거래 추천에 활용하여 내부 전문가를 줄이고 인건비를 절감하며 외주를 주어 적은 비용으로 문제를 해결할 것이다. 그러므로 금융 회사가 추천한 투자라도 언제나 신중히 결정해야 한다.

CHAPTER 7

집단 메뚜기 떼

지금부터 집단 메뚜기 떼가 만들어내는 '과장성'을 이야기하려 한다. 매우 껄끄러운 주제지만 참고 들어주기 바란다.

집단 메뚜기 떼는 어떤 기술이 개발되면 사회 문제를 효과적으로 해결하리라 기대한다. 이 기대는 아무 생각 없이 몰려다니는 무리를 만든다. '집단 메뚜기 떼'라고 붙여진 이유가 바로 여기에 있다. 기술 관련 토픽이 대중매체, SNS, 언론에 떠오르면 그 신기술을 직면한 사회 문제의 만병통치약으로 받아들인다. 그래서 이들은 사례를 확대하고 전파한다.

떠들썩한 메뚜기들이 떼를 지어 다닐 때 금융 시장과 민간기업 투자 심의와 평가에 영향을 미친다. 또한 정치적 문제에도 영향을 미쳐 현실에서 적용이 어려운 정책을 만들도록 몰고 가기도 한다. 전 세계 주요 문제를 단순한 기정사실로 바뀌게 하는 '데우스 엑스 마키나deus ex machima(문학작품에서 결말을 짓거나 갈등을 풀기 위해 뜬금없는 사건을 일으키는 플롯 장치-옮긴이)'같이 기술의 과장된 맹신에는 엄청난 위험이 따른다.

하지만 구글 트렌드Google trends를 이용하면 이를 쉽게 식별할 수 있다. 그러나 불행히도 객관적 자료를 찾아보는 이는 적고, 말의 전파력은 강하다. 그리하여 메뚜기 떼 현상은 사회 각 분야에서 이루어지고 있다. 이는 이전에 저서《에너지의 미래The Future of Energy》에서도 이미 다뤘던 주제이다. 거기서 나는 과장 홍보된 전기 자동차의 사례를 꼬집었다. 이 책이 아니더라도 2017년 비트코인 현상을 살펴보면 알 수 있다.

과장성으로 생긴 현상

2017년 12월, 비트코인 가격이 치솟았다. 우리 집 옆 길가에 "비트코인 ATM!"이라는 새로운 간판이 걸렸다.

간판 옆 그림 속 아이들은 "우리는 집을 사요.", "합법적이죠!"라고 말하고 있었다. 이상하게 보이지만 맞는 말이었다.

[도표 7-1] 비트코인 가격[2]

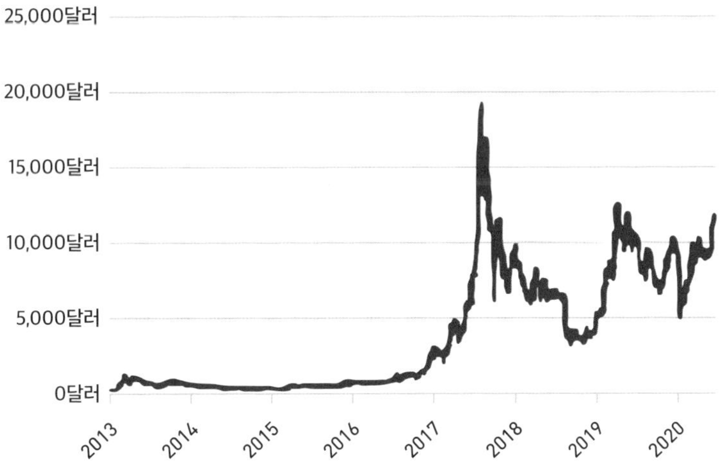

출처: 코인데스크, 프레스티지 이코노믹스, 퓨처리스트 인스티튜트

2018년 4월 텍사스주 증권위원회Texas State Securities Board는 가상화폐 관련 신용사기를 보고했다.[1] 비트코인과 가상화폐공개ICO를 둘러싼 충격적인 사기가 일어나고 있으니 경각심을 가지라는 정보였다. 그러나 이미 메뚜기 떼에 휩쓸린 사람들은 주의 깊게 듣지 않았다. 그 결과 사회적으로 큰 파장을 일으켰다.

비트코인 가격의 급등은 ICO와 블록체인에 대한 엄청난 관심을 불러왔다. [도표 7-1]에 나타난 대로 가격 폭이 급격히 높아졌다. 비트코인 가격뿐 아니라 구글에 "비트 코인이란 무엇인가?"라는 질문도 급격히 많아졌다. [도표 7-2]가 이를 증명한다.

구글 검색 결과를 보면 비트코인에 무지한 사람도 투자 대상으로 꼽으며 관심을 보인다는 것이다. 아무것도 모르고 한 투자가 의외의 수익을 가져왔다는 말이 사람들 사이에 회자되며 비트코인에 투자 열기는 하늘을 찌를 듯 높아졌다. 규제 당국은 사람들 쏠림현상을 보고 블록체인 회사로 위장하여 사기치려는 회사를 주시하고 있었다.

2017년 12월 비트코인 가격 거품이 정점을 찍을 무렵, 아이스티 판매 업체인 롱아일랜드 아이스 티Long Island Iced Tea Corp.가 롱 블록체인 코퍼레이션Long Blockchain Corp.으로 회사명을 변경했다. 회사 주가는 주당 약 2달러에서 7달러로 치솟았다. 이후 회사에 대한 조사가 이루어졌고 2018년 8월 1일 기준 회사 주가는 주당 약 0.34달러로 폭락했다.[4]

공공 증권 거래소는 이 회사를 퇴출시켰고, 나스닥 또한 상장을 폐지시켰다. 결국, 회사 대표는 2018년 7월 10일 미국 증권거래위원회SEC에 소환됐다. 이는 '회사 경영'이라는 입장에서 당연히 좋지 않은 일이다. 그 뒤 어떤 회사가 거품에 편승하려고 했는지 규제 당국의 힘, 블록체인 열풍 등의 이슈는 논의에 중심이 되었다.

[도표 7-2] 구글 트렌드 "비트코인이란 무엇인가?"[3]

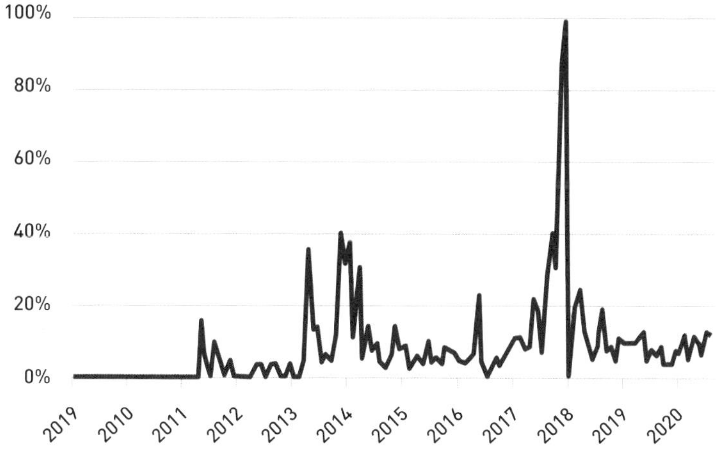

출처: 구글 트렌드, 프레스티지 이코노믹스, 퓨처리스트 인스티튜트

양자는 열풍을 일으킬 준비가 되었나?

나는 블록체인처럼 양자 컴퓨팅도 집단 메뚜기 떼의 압력에 노출될 위험이 크다고 지적했다. 2019년 7월 저서 《금융의 미래는 지금이다The Future of Finance is now》 출간 당시 양자 컴퓨팅Quantum Computing(양자역학적인 현상을 활용하여 자료를 처리하는 방법 - 옮긴이) 상장 회사는 제로였다. 하지만 2018년 9월부터 양자 관련 ETF 하나가 움직였다.

공개적으로 거래된 적이 없음에도 불구하고 '양자'라는 이름을 가진 회사는 열풍의 주인공이 되었다. "양자를 다루는 회사에 ETF는 투자하지 않는다."라는 뜻이 아니다. 그 ETF가 잘되지 않는다는 의미도 아니다. 다만 공개 거래를 하는 양자 관련 회사들이 존재하기도 전인데도 불구하고 양자 관련 ETF는 거품이 과하게 부풀려졌다는 말이다. 그 거품이 잠재적 위험으로 보였다.

앞서 말한 위험의 예는 퀀텀씨텍QuantumCTek 회사의 기업공개에서 확인할 수 있다. 퀀텀씨텍의 주가는 거래 첫날 924%를 기록하며 눈에 띄게 상승했다. 2019년 기준 순이익이 700만 달러에 불과했던 회사가 거래 첫날 시가 총액 42억 달러를 달성한 일은 이해하기 어렵지 않은가?

한동안 현금이 양자 산업 쪽으로 이동했다. 많은 메뚜기 떼가 몰려 나타난 현상이다. 나는 1년 전부터 그들의 광기가 가까운 미래에 서서히 본색을 드러낼 것이라고 경고했다. 대세로 거듭난 양자를 통해 더 큰 이익을 볼 수 있다는 믿음, 들끓는 메뚜기 떼가 빚어낸 현재 금융의 시대정신Zeitgeist을 반영한 '투자하면 수익이 나는' 개념에 노출된 사람들에게 양자는 기름 부음을 받은 '확실한' 투자처로 보이는 까닭이다.

메뚜기 떼는 투자 거품을 일으킨다. 이 점을 우리는 분명히 각 인해야 한다. 거품은 터지게 마련이다. 코로나19 이후 금융의 미래에서도 마찬가지다.

전망이 있는가? 거대한 메뚜기 떼가 일으키는 거품

금융과 집단 메뚜기 떼는 조직적 혹은 비조직적으로 바이럴 마케팅으로 거품을 일으킨다. 콘텐츠 마케팅에서 영향을 받아 소셜 미디어에서 과대광고로 이슈의 소용돌이를 만든다. 관심을 받고 매스컴에 보도되면 투자자들이 급증한다.

자금난에 허덕이는 가난한 스타트업 기업은 이런 상황을 꿈꾼다. 그들은 시제품에 자금을 투자하기보다 마케팅 비용에 마지막 몇 달러까지도 쥐어 짜넣는다. 알고리즘은 데이터 축적으로 만들어지고 데이터는 돈에 의해 쌓인다. 이 때문에 메뚜기 떼가 모이는 곳에는 돈이 모인다. 이 효과를 잘 이용하면 스타트업 기업은 자금난을 해소할 수 있다.

코로나 이후에도 SNS와 방송을 근거로 만들어진 알고리즘이 순진한 사람들을 현혹한다. 하지만 이러한 투자는 실패할 확률이 높다.

미디어와 콘텐츠의 과도한 민주화는 투자자가 잘못된 정보를 거를 힘을 잃게 만든다. 보이는 대로 '옳다'고 믿는다. 그로 인해 기업은 'SNS' 마케팅 전략의 비중을 높인다. 제품의 가치를 평가받는 기회, 소비자의 반응이 바로 전달된다는 의미에서 영업 비중을 늘리고 자금을 투자하는 것이다. 이런 현상은 앞으로 10년 이상은 지속될 가능성이 크다.

◆ **미래 금융 위기 대처법**

거품이 이는 곳에 메뚜기 떼가 출몰한다. 거품에 매몰되기 싫으면 휩쓸리지 마라. 그들은 금융 시장과 민간기업 투자 심의와 평가에도 영향을 미친다. 또한 정치적 문제에도 영향을 미쳐 현실에서 적용이 어려운 정책을 만들도록 몰고 가기도 한다. 그들이 맹신하는 과장된 기술에는 위험이 따른다.

제 2 부

기술의 동향

THE FUTURE OF FINANCE AFTER COVID

THE FUTURE

OF FINANCE

AFTER COVID

'기술의 동향'에서는 코로나19가 대유행하기 이전 이미 발전하고 있었으나 코로나19 팬데믹, 경제 폐쇄, 불황기 동안 그 모습을 눈에 띄게 드러낸 핵심적인 신기술을 살펴본다. 이 신기술들은 앞으로 수년, 혹은 수10년에 걸쳐 금융의 미래에 영향을 끼칠 가능성이 크다. 빅데이터, 자동화, 블록체인, 양자 컴퓨팅, 사이버 보안, 로보어드바이저, 불안한 AI가 신기술에 해당한다.

CHAPTER 8

빅데이터

코로나19 팬데믹과 경제 폐쇄로 데이터 가치가 매우 중시되고 있다. 신기술을 받아들이기 꺼리는 기성세대도 기술의 루비콘 강 Rubicon(결정을 돌이킬 수 없는 지점 - 옮긴이)을 넘도록 강요받는다. 이미 많은 부분에서 이용되고 있지만 새로운 기술전략 중 하나도 '데이터'이다.

2018년 10월 나는 구글 임원의 강연을 들었다. 그는 2016년에서 2018년까지 모인 데이터의 양이 인류가 이제껏 축적한 데이터의 양보다 더 많다고 언급했다.[1]

기업에게 데이터란 없어선 안 되는 존재이다. 데이터를 분석

함으로써 고객과 연결되고, 비용을 절감하고, 생산과 판매 계획을 결정하고, 비전을 세운다. 이는 데이터를 정확히 분석하고 데이터에 담긴 의미를 간파할 때 가능한 일이다.

코로나19 팬데믹 이후 데이터를 수집하고 종합하며 분석하는 양상은 크게 발전할 것이다. 더 많은 자료를 처리하는 유일한 해결책은 '나은' 처리장치가 아니라 '많은' 데이터 처리장치이다. 데이터를 분석하는 비용은 데이터의 양에 따라 증가한다. 따라서 일을 완수하기 위해 더 많은 처리장치를 사는 비용은 코로나 이후 상향 곡선을 그릴 것이다. 금융과 같이 방대한 데이터를 다루는 분야에서 이런 사안들은 앞으로 10년 안에 중요한 문제가 된다.

무어의 법칙은 끝났다

데이터가 기하급수적으로 증가하고 있지만, 데이터 저장 하드웨어의 비용이 대폭 감소하여 저장하는 데는 부담이 없다. 그러나 방대해진 데이터로 인한 데이터 처리 비용이 엄청나게 증가함에 따라 새로운 부담이 생긴다.

이제는 컴퓨터 성능이 잠재적 한계에 부딪혔다. 기술 분야에서 일하는 사람은 가까운 날에 찾아올 큰 위험을 체감하며 얘기하는 시점이다. 무어의 법칙Moore's Law서 말하는 한계와 동일하다.

[도표 8-1] 무어의 법칙[4]

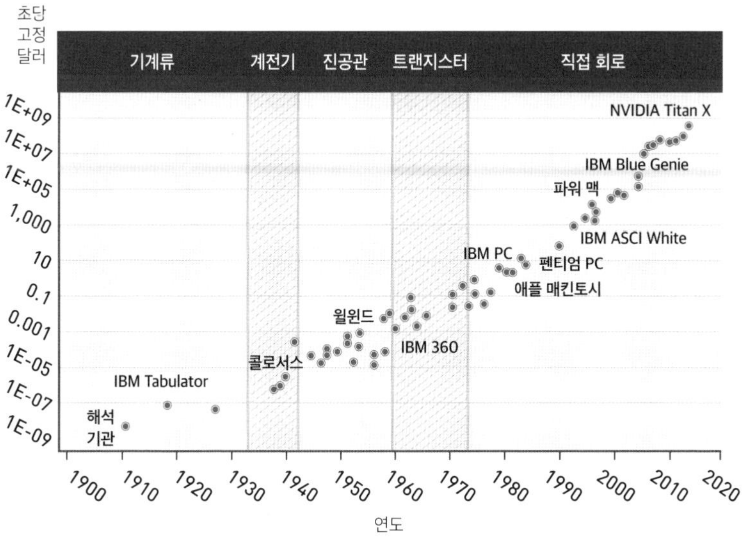

출처: 레이 커즈와일, DFG, 로드니 브룩, 프레스티지 이코노믹스, LLC, 퓨처리스트 인스티튜트

'무어'는 인텔 창업자 고든 무어Gordon Moore의 이름을 따서 붙여졌는데 "비용이 절반임에 반해 컴퓨터의 성능은 두 배가 될 수 있다."라는 개념이다.[2]

과거의 일이지만 이 법칙으로 인해 컴퓨터 처리 능력 기술이 더욱 강력해졌다. 비용 또한 저렴해졌다. [도표 8-1]에서는 무어의 법칙처럼 컴퓨터 처리 능력의 발달을 보여준다. 그런데 무어

의 법칙이 깨지고 있다.[3] 더 적은 비용을 들여서 컴퓨터 성능이 향상되는 일은 이제 일어나지 않는다.

현재 우리는 컴퓨터, 태블릿, 휴대폰으로 자료를 모으고 과제를 수행한다. 이 모든 작업에 인터넷 환경이 중요하게 영향을 미치기에 더 '많은' 데이터를 처리하는 장치가 필요하다. 생산되는 데이터의 양이 점점 가속화됨에 따라 이는 큰 문제로 부상했다.

수집된 데이터를 분석할 때, 수집되고 있는 데이터의 양을 감당할 처리장치가 요구되지만 컴퓨터의 발전이 이에 따라가지 못하는 실정이다. 개인이나 기업이 수집하고 저장하는 데이터의 양을 줄일 수도 없다. 누적되어 증가를 계속하는 데이터를 어떻게 처리할 것인가. 특히 사물인터넷Internet of Things(IoT) 세계에서는 더욱 심각하다.

센서 비용은 하락했지만, 편리함을 추구하는 소비자는 많아져 IoT 시대가 열렸다. 인터넷과 연결되는 대상이 컴퓨터, 태블릿, 휴대폰을 넘어 자동차, 냉장고, 사무용품, 청소기, 소형 가전까지 확대되고 있다.

이 각각의 기기들은 상호작용으로 작동하며, 데이터를 생성한다. 이러한 기기들이 인터넷에 연결될 때 특별하고, 가치 있고, 분석 가능한 데이터로 전환된다. 그 양이 어마어마하다. 5G 기술이 확산되면서 이런 상황이 가속화될 준비태세를 갖추고 있다.

데이터 수집과 분석의 현재 수준은 미래 IoT 데이터와 비교했을 때 초라한 수준이다. 물론 차원이 다른 IoT 데이터는 일부 금융 서비스, 은행, 보험에 국한돼 먼저 사용될 가능성이 크다.

이제 양자 컴퓨팅은 데이터 처리 능력을 높이는 유일한 전략이 되었다. 현저하게 저렴하거나 더 나은 처리장치를 개발하는 것보다 더 '많은' 처리장치를 매입하는 방법이 효과적이기 때문이다. 기술 전문가, 과학자, 미래학자는 '브루트포스brute force(조합 가능한 모든 경우의 수를 다 대입해보는 기법 - 옮긴이)' 솔루션을 언급한다.[5] 더 많은 프로세서를 사는 것보다 창의적인 방법이라는 것이다.

원칙적으로 '많은 처리장치'를 구하는 해법은 과학적 혁신이 아니다. 돈으로 해결되는 문제이다. 컴퓨터 처리 능력을 한 단계 도약한다기보다 그저 더 많은 처리장치를 준비하면 된다. 이는 다양한 산업에서 디지털 전환이 요구돼 데이터의 양이 급격히 올라갈 때 단기적 해결책이 된다.

데이터는 다른 문제로 봐야 한다

사물인터넷 기기는 데이터 접근에 훨씬 용이하다. 하드웨어에 모든 정보가 입력되기 때문이다. 하지만 하드웨어 정보를 모아 분석하기란 어렵다. 개인정보와 관련이 있을 뿐 아니라 데이터 분석에 드는 비용도 현재로서는 가늠할 수 없다. 양자 컴퓨팅이 상업화되고 방대한 데이터를 처리할 기술이 완비될 때 가능해질 것이다.

우리가 모으는 순수 데이터 양의 증가는 이 책의 11장에서 논의할 '양자 컴퓨팅이 주요한 기술이 될 이유' 중 일부이다. 현재 금융권에서 이용되는 데이터의 양은 상상을 초월한다. 그래프나 차트를 가지고 날짜 단위에서 시간 단위로, 분 단위로, 심지어 틱tic 단위로까지 나누어 분석한다. 거래에서 우위를 점하기 위해서는 다른 정보보다 시간과 정확도가 앞서야 하기 때문이다. 그래서 정보를 목숨보다 귀하게 여기는 회사들은 광케이블에 가장 가까운 위치에 있다. 거래를 밀리초 단위로 실행하기 위함이다.[6] 쓸모 있게 신속히 실행되는 데이터를 발판삼아 최고의 자리에 오르기 위한 경쟁은 미래에 더 치열해질 전망이다.

자산과 회계감사에서 대차대조표 속 데이터의 의미

대차대조표의 자산에 '데이터'를 포함하는 회사는 데이터를 자원resource으로 인정하고 회사 가치평가에 산정한다. 회사가 가진 정보이기에 무형자산이며 사업을 확장하거나 기술을 보강할 때 필요한 자료이다. 사업의 미래 전망을 긍정적으로 이끄는 영향력까지 내포하고 있다. 그러므로 데이터를 자산으로 평가하는 일은 앞으로도 계속 증가할 수밖에 없다.

데이터가 공식적으로 대차대조표에 기재될 만큼 가치 있는 자산이라는 개념은 그 중요성이 인식되면서부터 확대되어 왔다. 미래에는 현금이나 부동산보다 더 비중 있는 자산으로 여겨질 것이다. 코로나19 팬데믹 이후 회사는 문화와 소비 변화, 사람들의 심리를 가늠하는 데이터가 필요하다. 투자자들이 미래의 현금 흐름을 보려는 의도로 데이터를 우선순위에 둔다면 길은 하나로 통한다. 데이터를 확보하라.

◆ 미래 금융 위기 대처법

데이터도 자산이다. 금융 미래의 흐름은 축적된 데이터에 담겨 있다. 분석하고 경향을 읽어내는 안목이 필요하다. 문화와 소비 변화, 사람들의 심리를 가늠하는 데이터는 투자자들이 미래의 현금 흐름을 보려는 의도로 데이터를 우선 순위에 둔다. 그러므로 데이터를 확보하라!

CHAPTER 9

자동화

로봇이 비숙련, 저임금, 저학력 직업을 대체하고 있다. 금융과 관련된 직업도 마찬가지이다. 나는 2016년부터 로봇이 내 직업을 향해 서둘러 다가오는 것을 알았다. 당신이 금융계에 종사하고 있다면 아마도 나와 비슷하게 느꼈을 것이다.

로봇이 다가오고 있는 소리를 못 들었을 수도 있다

'핀테크'라는 단어를 처음 들은 것은 2016년 5월 아멜리아 섬에서 개최된 애틀랜타 연방준비은행 금융 시장컨퍼런스Atlanta Federal Reserve Bank's Financial Markets Conference에 참석했을 때였다. 이 회의는 세계 최고 경제학자 150여 명이 초대받는다. 지역 연준 은행장, 정부 규제 관계자, 교수들, 연방준비제도이사회 의장 등 참석자들은 언제나 뜨거운 주제인 경제정책, 통화 정책, 재정 정책 문제를 내놓고 토론한다.

컨퍼런스 일정이 끝나고 나는 수년간 알고 지낸 연준Fed 기자를 만났다. 그는 다른 기자와 함께 있었는데 그 사람은 핀테크 전문기자였다. 당시 나는 핀테크에 대해 아무것도 모를 때라 "핀테크가 뭡니까?"라고 물었다. 그 기자는 "비트코인 같은 뭐 그런 것입니다."라고 말했다. 나는 비트코인이 디지털 화폐라는 사실을 알고 있었기에 핀테크도 그런 줄 알았다.

그 후 프레스티지 이코노믹스에서 영업사원을 고용하려 할 때까지만 해도 그와 했던 대화를 깊이 생각지 않고 있었다. 그런데 회사에 지원하는 사람이 없었다.

능력을 가진 사람들이 한꺼번에 금융 분야에서 빠져나가고 있었지만 나는 그 상황과 이유를 눈치채지 못하고 있었던 것이다. 꽤 오래 일한 영업사원이 핀테크 때문에 전문가들이 금융 시장 연구에서 손을 떼고 있다고 설명해준 뒤에야 알았다. 주위를 관찰해보니 자동화 거래의 알고리즘을 갖춘 로봇들이 리서치 분야를 점점 대체하고 있었다. 그때 핀테크가 내 사업에 타격을 줄 수 있음을 비로소 깨달았다. 물러설 수 없었던 나는 MIT에서 핀테크 과정을 밟았다. 로봇들이 내 입지를 위협하는데 나는 그 존재조차 모르고 있었던 것이다. 나는 하루라도 빨리 핀테크를 정확하게 파악하고 싶었다.

핀테크, 금융에서의 로보칼립스

자산관리는 오랜 기간 통계분석 시스템과 전문 프로그래밍으로 행해졌다. 핀테크는 이러한 방식의 자산관리를 방해한다. 자동화된 '로보어드바이징Robo-advising'이 수동적 거래 전략을 세워 고객의 성향과 특성에 맞춰 완벽하고 치밀하게 관리한다. 결과가 어떨까? 자산관리자들은 일자리를 잃기 시작했고, [도표 9-1]에서 보는 것처럼 현재 자산관리 분야의 붕괴 가능성은 매우 커지는 추세이다.

영화 '월 스트리트Wall Street'에서 고든 게코Gordon Gekko는 버드폭스Bud Fox에게 "왜 펀드 매니저들이 S&P500지수보다 높은 수익을 내지 못하는지 생각해보았나?"라고 묻는 장면이 나온다. 그런데 지금은 그렇지 않다. ETF가 생기면서, 지금껏 S&P500 인덱스펀드를 샀던 것처럼 이제는 펀드매니저와 개인투자자가 쉽게 S&P500지수형 펀드인 S&P500 ETF를 살 수 있다. 이것이 가능한 이유는 많은 ETF가 주식처럼 사고파는 일이 가능해졌기 때문이다.

[도표 9-1] 핀테크가 금융자문에 미치는 영향

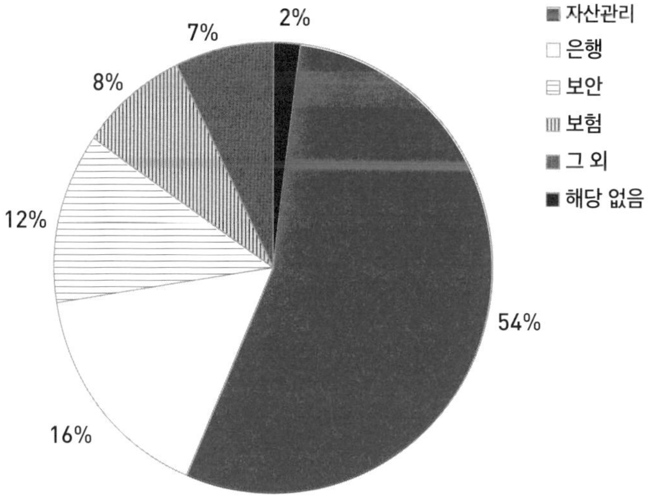

출처: CFA 협회, 프레스티지 이코노믹스, 이코노믹스, LLC, 인스티튜트

수동자산관리(시장 가중지수 또는 포트폴리오를 추적하는 투자 전략-옮긴이) 기술과 로보어드바이징 기술은 능동자산관리(투자 벤치 마크지수 또는 목표 수익률을 능가하기 위해 관리자가 특정 투자를 하는 포트폴리오 관리 전략-옮긴이) 방법보다 관리가 쉽고 비용도 저렴하다. 게다가 더 이상 인간 자산관리자가 필요하지도 않다. 컴퓨터가 전략 작업, 분석, 계획뿐만 아니라 유가증권을 구매하고 판매하는 등 모든 일을 처리한다. 규모의 경제Economy of Scale가

발생하는 것이다. 대량생산의 경우 소량생산을 하는 경우보다 평균비용이 더 낮은 상황과 같은 이치다.

금융 및 다른 분야에서도 이제 수동자산관리 방식을 선택한다. 이러한 분야는 이전부터 기술을 지속적으로 수용해왔다. 많은 회사들이 수년 동안 블랙박스, 알고리즘, 그리고 기술적인 거래 전략을 이용해온 것이다.

이제 시장 조사처럼 비용이 많이 들어가는 품목은 더 이상 예산에 포함되지 못하고 배제될 것이다. 컴퓨터가 결정하기 때문이다. 컴퓨터 거래 프로그램은 '단어' 보다 '선line'을 좋아한다. '선'을 그리고 있다는 것은 거래가 성사된 유가증권 가격이 오랜 시간 유지되었다는 의미이다. 이렇게 기술에 의한 거래는 점점 중요해지고 있다. 이에 분석가들은 각 시장의 컴퓨터가 도출해낸 통계 자료를 파악하여 가치를 더하고자 노력해야 한다.

금융 전문가들은 Charterd Market Technician® 혹은 CMT® 같은 전문직 타이틀을 얻고 싶어 한다. 나는 2016년에 CMT® 자격을 받았다. 기술을 통한 거래의 역학 관계에 초점을 맞춘 프로그램인데 오래 전 기술을 통한 거래의 역학 관계를 예측한 내 연구와 맞았다. 또한 수동자산관리와 로보어드바이징이 계속 성장

[도표 9-2] 2003-2019까지 전 세계 ETF 수

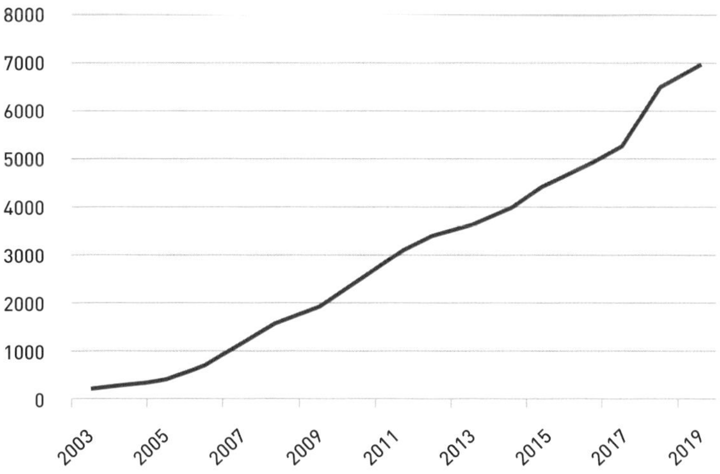

출처: 스타티스타, 프레스티지 이코노믹스, LLC, 퓨처리스트 인스티튜트

할 것이므로 이러한 거래의 역학 관계가 중요하다는 사실을 예측하고 인지했던 까닭이다.

누구나 알고 있다

《Jobs for Robots》이라는 책을 2016년에 쓰기 시작했을 때, 나는 '자동화, 로봇, 미래의 일자리'를 걱정하는 사람 중 한 명이었다. 지난 몇 년 동안 기업 임원과 산업 단체에 이 문제를 얘기했고 그들 역시 공감했다.

물론 코로나19 팬데믹 이전에도 이것은 사실이었다. 지금은 자동화된 공급망supply chain과 핀테크의 이해와 활용이 훨씬 넓어졌다. 코로나로 사람들이 물리적 접촉을 꺼리기에 이 서비스는 소비자와 고객에게 각광받고 있다. 굳이 사람이 일하지 않아도 편리하다면 알고리즘이 업무를 신속하고 정확하게 처리해주기를 바란다. 신분 노출이나 개인정보가 노출될 염려가 없다는 점도 선호도를 높인다. 이는 남녀노소 불문하고 모든 사람이 코로나19 이후 기술에 어떤 일이 일어나고 있는지 이해하고 있음을 의미한다. 이용객이 많은 금융이 고객의 요구사항에 따라 기술 혁신을 이끌고 있다고 봐도 과언이 아니다.

◆ 미래 금융 위기 대처법

바이러스 창궐은 사람들 간 물리적 접촉을 부담스럽게 만들고 있다. 대면 접촉을 피해 업무를 처리한다. 굳이 사람이 일하지 않아도 편리하다면 알고리즘이 업무를 신속하고 정확하게 처리해주기를 바란다. 개인 정보가 보장된다는 점도 이점이다. 이렇게 불쑥 로봇 시대가 다가왔다. 당신은 무엇을 준비하고 있는가.

CHAPTER 10

블록체인

블록체인이 10년 이상 존재했음에도 불구하고, 지금도 금융의 미래를 얘기할 때면 먼저 블록체인이 자주 언급된다. 블록체인은 가상화폐 거래 내역을 기록하는 장부로 신용이 필요한 온라인 거래에서 해킹을 막기 위한 기술로 사용된다. 또한 비트코인을 포함한 여러 암호화폐의 보안기술로 사용되고 있다.

2017년 말 암호화폐cryptocurrency(가상화폐라고도 하며, 네트워크에서 안전한 거래를 위해 암호화된 디지털 화폐로 비트코인 등이 해당됨 – 옮긴이)의 대표격인 비트코인에 거품이 일었다. 채굴의 한계 때문인지 투자자가 몰려 가격이 급등했다. 당시 네트워크에서 안전한 거래를 위해 암호화된 디지털 화폐 비트코인을 거래하려는 사람들은 "언제 달Moon이냐?" 혹은 "언제 람보Lambo냐?"라고 물었다. 블록체인에서 쓰는 은어로 '달'은 화폐 가격이 쭉쭉 오르는 것을 의미하며 '람보'는 람보르기니의 약자로 암호화폐로 돈을 벌어 람보르기니를 살 수 있는가, 즉 투자했을 때 수익을 낼 수 있는가를 의미한다. 이 두 가지 질문에 내포된 의미를 살펴보면 다음 두 문장으로 정리된다.

"언제 내 암호화폐의 가치가 달로 갈 것인가?"
"소박한 투자로 언제 람보르기니를 살 수 있을까?"

그러나 블록체인은 람보르기니가 가지는 가치 이상의 것이 있다. 그래서 이 문제를 둘러싼 많은 오해와 혼란이 있다.

이 책의 많은 다른 트렌드와 기술처럼, 블록체인도 이전부터 존재해왔다. 블록체인 기술을 이용한 첫 번째 공식적인 비트코인 거래가 2009년 1월에 시행되었다.

물론 데이터베이스와 기록보존 개념은 수천 년 동안 존재해왔다. 역사상 첫 번째 기록된 문서도 '거래'에 관한 기록이라는 점을 상기해보면 거래에 관한 기록을 보존하는 기술과 의미, 방법이 발전을 거듭했다는 사실을 알 수 있다.

여기에 발맞춘 블록체인은 연소 엔진과 같다. 얼마든지 언제든지 다른 차량에 사용될 수 있다는 점에서 블록체인 기술에 비유된다. 블록체인은 허가받은 데이터를 공유하는 일종의 데이터베이스이다. 블록체인의 데이터 공유는 기업과 사회에 중대한 가치를 지니고 있다.

암호화폐 가격이 치솟아 달도 가고 람보르기니도 사던 2017년, 회사들은 앵무새가 말하듯 이 주제를 얘기했다. 2018년과 2019년부터는 블록체인의 실용성을 높여 실제 사용하는 관점에서 바라보기 시작했다. 기술로써 블록체인을 구축하고 사용하는 것을 고려해볼 때, 금융의 미래에서 디지털로 지불할 목적의 암호화폐는 앞으로 10년 이내에 점진적으로 발전하는 과정을 겪는다는 의미이다.

하지만 금융 시스템에서는 암호화폐를 통용하는 과정이 순탄할 것 같지는 않다. 암호화폐 기술이 근본적으로 금융 시스템과 구조, 자금세탁방지Anti Money Laundering(AML), 고객신원확인Know Your Customers(KYC) 규정을 교묘히 피해가기 때문이다. 그러나 금융의 미래에서 암호화폐는 점진적으로 정착되리라 본다.

분산형 네트워크에서 최고가 되다

블록체인의 유용함과 목적을 정확하게 알려면 몇 가지를 기억해야 한다. 먼저 블록체인은 분산형 네트워크에서 최고 성능을 발휘한다는 사실이다.

[도표 10-1]은 분산형 네트워크가 어떤 것인지 보여준다. 다른 거래들이 서로 얽혀 있지만, 거래의 본질이 되는 중앙 조직이 없다.

비유하자면 지역의 체인점과 가족 구성원의 소비를 대비해 떠올리면 쉽다. 구성원 개개인이 각자 수입과 지출을 관리할 때 어떤 일이 발생하는가. 독립적으로 행동하므로 이 행동이 모두 중앙저장소에 기록되고 보관되지 않는다.

물론, 일련의 기록물은 분산형 네트워크를 통해 공유된다. 그러나 분산형 네트워크에서 새로운 업데이트의 추적은 어렵다. 정보가 여러 군데에서 공유되고 생성되다 보니 가끔은 잘못된 파일이 업데이트되기도 하고, 오류를 만들기도 한다. 마치 메일을 보냈을 때 답장으로 회신하지 않고 새 제목을 달고 새로 쓰기 한 메일을 받는 것과 같다. 그 메일을 받은 까닭을 추적해야 한다. 가까운 시간 내에 보낸 메일의 답장이라면 추적이 쉽지만 메일을 보낸 지 오래 경과되었거나 하루 수백 통의 메일을 받는 사람이라면 매우 까다로운 작업이다.

[도표 10-1] 분산형 네트워크

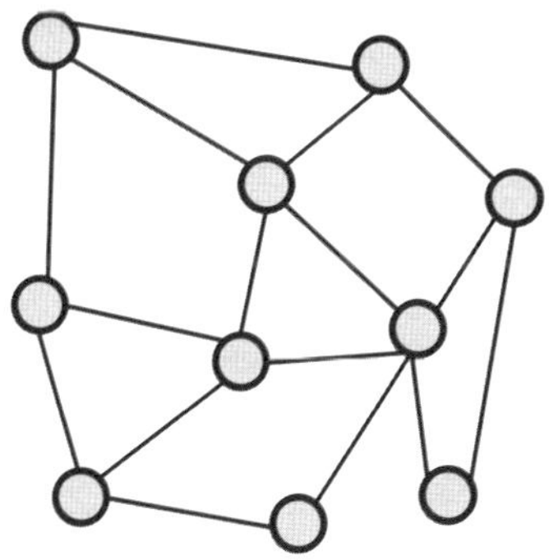

내가 맥캔지McKinsey의 경영 컨설팅에서 일할 때, 이런 경우를 '버전 제어Version control(새로운 버전의 생성과 기존 버전들에 대한 접근을 적절히 통제하는 것 – 옮긴이)의 오류'로 불렀다. 이런 오류는 프로젝트 또는 고객과의 계약에서 매우 큰 문제로 작용한다.

우리는 때때로 엉뚱한 파일을 업데이트를 할 수도 있다. 그래서 중요한 문서가 불완전한 상태에 놓이거나, 그 위에 다른 자료가 덮일 위험에 처하기도 한다. 복잡한 조회와 검토가 필요한 이유이다. 이런 상황은 또한 회계에 있어서도 문제가 된다. 회계감사의 경우 금융 관련 문서 추적은 매우 중요하다. 감사는 적절한 샘플링과 테스트를 통해 데이터의 일관성을 유지하며 분산형 네트워크에서 만들어진 오류, 부적절하게 보관된 기록을 찾아낸다.

클라우드 컴퓨팅cloud computing은 이런 분산형 네트워크의 위험을 바로잡기 위해 개발되었다. 인터넷이나 모바일을 이용하여 프로그램이나 데이터를 가상 데이터센터에 분산 처리하고, 이 데이터를 PC나 휴대폰 등 다양한 단말기로 접속해 장소에 구애받지 않고 원하는 전산 작업을 수행할 환경을 마련한다.

클라우드 컴퓨팅 기술은 다른 장소에 있어도 공유된 위치에서 업데이트된 문서를 편집할 수 있다. 이 문서는 중앙 집중화된 위치에 보관된다. 그러기에 누가 무엇을 언제 업데이트했는지는 추적이 쉽지 않다. 그래서 [도표 10-2]처럼 클라우드 컴퓨팅을 중앙 집중화된 네트워크처럼 만든다. 하나의 장소에 데이터가 보관되며 데이터에 대한 모든 허용이 이루어지는 것이다. 그러나 이는 중심점에 문제가 생겼을 때 네트워크가 취약해진다는 단점이 있다.

중앙에 문제가 생기면 기록이 위험해진다. 기록들이 하나의 위치에 모두 보관되기 때문이다. 드롭박스Dropbox나 구글 드라이브Google Drive가 그 예이다. 드롭박스나 구글 드라이브가 기술적인 문제로 작동을 멈춘다면 여러분은 저장된 문서에 접근하지 못한다. 개인적 실수가 전혀 아닌데도 문서를 보관하고 기록을 관리하는 시스템의 문제로 문제를 고스란히 껴안아야 한다. 비록 일시적 현상이라 할지라도 그 피해를 어떻게, 누구에게 지워야 하는가.

블록체인 기술은 클라우드 컴퓨팅과 다르다. 블록체인은 완료된 거래의 영구적인 원장Ledger(거래를 계정별로 기록·계산하는 장부-옮긴이)만 사람들이 열람할 수 있도록 제작되었다. 중심점에 문제가 생겼을 때 위험을 줄이려는 조치이다.

암호화폐를 본격적으로 이야기하기에 앞서, 다시 한번 블록체인을 얘기하고 싶다. 블록체인은 변조가 불가능한 거래 장부를 분산시켜 비트코인과 그 외 다른 암호화폐를 움직이게 만드는 기술이다. 블록체인은 앞서 말한 점 외에도 많은 것들을 움직이게 만들 수 있다. 이제 그 기술들을 점검해보자.

'암호화폐'로 되살아난 무기명 채권

'사토시 나카모토Satoshi Nakamoto(본인은 자신이 1975년생의 일본인이라고 주장하지만 실제 그의 정체는 아직까지 밝혀지지 않았다-옮긴이)'는 2009년에 세계 최초의 암호화폐인 비트코인 개발자로 알려진 인물이다. 암호화폐를 사용하려는 까닭은 모호한 아니 확인

[도표 10-2] 중앙 집중 네트워크

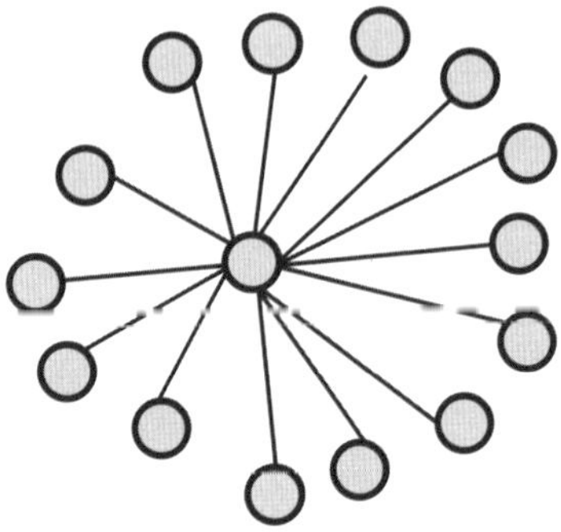

되지 않는 그의 정체처럼 정체불명의, 이름조차 없는, 익명의 거래를 위함이다.

가명일지 모르는 '사토시 나카모토Satoshi Nakamoto'라는 이름을 들으면, 내가 아는 또 다른 가짜 일본식 이름 '나카토미 플라자Nakatomi Plaza'가 떠오른다. '나카토미 플라자' 역시 실제 존재하는 장소가 아니다. 영화 '다이하드[1]'의 배경이 되는 장소로 테러리스트 한스 구르버Hans Gruber가 무기명 채권을 훔치려고 잠입한 곳이다.

그렇다면 무기명 채권이란 무엇일까?

이건 정말이지 흥미로운 부분이다. 여러분이 소유자의 이름이 적혀 있지 않은 채권을 가지고 있다면, 그 채권의 주인은 여러분이다. 반대로 여러분이 그것들을 가지고 있지 않다면, 당신은 그 채권의 주인이 아니다. [도표 10-3]에서 미국의 무기명 채권을 볼 수 있다.

미국에서 처음으로 무기명 채권이 발행된 것은 19세기 후반이었다. 그리고 1982년 무기명 채권 발행이 멈췄다.[1] 오늘날은 거의 사라졌다고 볼 수 있다. 왜일까? 자금 세탁을 방지Anti-money laundering하기 위해서이다. 정부와 금융기관이 테러리스트, 범죄자, 그 밖의 위법행위로 돈을 옮기고, 숨기고, 사용하는 범죄를 차단하기 위해 법적 조치를 취한 것이다.

이러한 채권은 가지고 있는 사람이 소유자이기 때문에 돈 세탁을 할 때 아주 편리하다. 소유자임을 증명하기 위해 요구되는 어떤 거래 계좌나 전자 또는 서류상의 기록도 필요 없다. 추적 불가능한 방식으로 사고, 팔며, 거래될 수 있다는 말이다.

바로 이 점 때문에 무기명 채권이 자금 세탁과 그 밖의 모든 종류의 범죄에서 사용될 수 있다. 추적될 수 없고, 불법사용이 가능

[도표 10-3] 미국 정부의 무기명 채권[2]

하기에 영화 '다이하드'의 악당도 무기명 채권을 이용한 범죄를 기획한 것이다.

어떤 기록도 남지 않는 무기명 채권은 추적될 걱정 없이 불법 상거래에 쉽게 이용된다. 체이스뱅크Chase Bank 지점에 들어가거나 채권을 사고팔기 위해서 피델리티Fidelity 거래 계좌에 로그인할 필요도 없다. 말 그대로 돈 가방을 챙겨서 동료 갱스터 또는 테러리스트에게 건네고 무기명 채권을 받으면 끝난다.

그렇다면 무기명 채권과 비트코인의 공통점은 무엇인가? 그런데 왜 무기명 채권을 생각하면 비트코인과 영화 '다이하드'과의 연관성을 떠올리게 될까? 이유는 간단하다.

비트코인을 포함한 모든 암호화폐는 무기명으로 사용될 수 있기 때문이다. 신원을 숨긴 채 익명이 가능하기 때문에 무기명 채권이 디지털화되었다고 생각하는 게 맞다. 이전의 실제 무기명 채권처럼 디지털 무기명 채권 역시 디지털 키를 가진 사람에게 소유된다. 문제는 디지털 무기명 채권 또한 범죄 목적으로 사용될 수 있다는 점이다.

현재 무기명 채권은 자금세탁방지 조치 때문에 거의 사라지다시피 했다. 또한 디지털화되면서 규정이 암호 체계를 규제하기에는 심각하게 뒤떨어져 있다. 비트코인과 암호화폐의 가치가 계속 올라가며 자금세탁방지법을 위반하지만, 대부분 국가가 이를 불법화하지는 않고 있다.

아이러니한 점은 '비정부 주도 통화'의 아이디어가 오스트리아 경제학자들과 자유 시장주의자들의 생각에서 비롯되었다는 사실이다. 자유시장주의자들은 정부 바깥의 통화 운영에 찬성한다. 그런데 만약 자신의 비트코인이 도난당한다면 즉각 경찰과 FBI에 전화할 것이다. “단속이 필요해요!”라고 말하는 그들의 외침이 들린다.

하지만 이 모든 것이 헛수고일 수도 있다. 거래 내역이 영원히 변하지 않는다 하더라도, 내재된 익명성 때문에 거래를 추적하기 어렵다. 이미 암호화폐의 장단점을 파악한 투자자의 선호 품목이 되었기 때문에 고도의 범죄 수사가 암호를 추적한다 해도 일어나는 거래를 멈추게 하기는 불가능한 것이다.

세계 석학 경제학자가 발표한 경제이론은 암호화로 금융 거래의 자유를 꿈꾼다. 반면 ‘다이하드’의 악당 한스 그루버나 무장테러집단ISIS, 무정부주의자들, 정치적 불순분자들, 조직적으로 움직이는 범죄자와 디지털 지하세계에서 머무는 사람은 그 이상적인 꿈이 만들어낸 사람들의 무지함과 순진함 속에서 기뻐한다. 왜 아니겠는가?

정책 결정자는 안다

암호화폐 익명성이 범죄 이용에 유리하다는 것을 정책 결정자들과 정부는 알고 있다. 그래서 규제를 빠져나가는 길목을 막고 정책이나 규제와 법으로 이런 잠재적 문제를 해결하려 한다.

국제통화기금the International Monetary Fund(IMF) 총재인 크리스틴 라가르드Christine Lagarde가 '테러리즘 자금 조달Terrorism Financing & 알카에다와 다에쉬와 또 다른 전쟁The Other War Against Al-Qaida'이라는 제목의 컨퍼런스에서 암호화폐를 논했다. 9-11테러를 일으킨 과격 이슬람 테러 단체와 급진 수니파 무장단체가 이 암호화된 화폐를 어떻게 이용할지 우려를 나타낸 것이다.

라가르드는 2018년 4월 26일 이 컨퍼런스 행사에서 다음과 같이 언급했다.

"핀테크는 암호로 된 자산이 갖는 익명성 때문에 테러리즘을 촉진시키고 자금을 조달하는 데 이용될 수 있다. 그러나 효과적으로 활용된다면 핀테크는 테러와 자금 조달을 없애는 데도 강력한 도구가 될 수 있다.[3]"

또 국제결제은행The Bank of International Settlements도 2018년 6월 다음과 같이 언급했다.

"암호화폐를 규제의 테두리에 넣기 위한 법적인 실체 또는 사람이 부족하다. 암호화폐는 디지털 공간에서 살며 국적이 없는 영역에서 존재한다. 현재의 제도적인 환경 또는 다른 사회기반시설에서 분리되어 있지만 영향력은 크게 작용한다. 암호화폐의 법적 주소지는 국외이거나 주소지 자체가 모호하다. 결론적으로 암호화폐는 오직 간접적으로만 규제받을 수 있다."[4]

정말 중요한 것은 암호화폐가 법적인 틀에서 벗어나 존재하며, 암호화폐가 가지는 익명성이 테러 자금 조달을 용이하게 한다는 것이다. 이는 코로나19 팬데믹 이후 이슈로 떠올랐다. 미국 정부는 최근 수백만 달러의 암호화폐를 300개 이상의 계좌로부터 압수했다. 이 계좌들은 SNS를 통해 암호화폐를 모으던 알카에다와 또 다른 두 테러리스트 집단의 것이었다.[5]

현재까지도 암호 화폐와 관련한 문제가 아직 완전히 해결되지는 않았다. 규제자들이 승인하기 위해서 풀어야 하는 많은 문제들이 남아 있다. 그리고 완전한 승인이 이루어진다는 보장도 전혀 없다. 더 나아가, 현재의 지배적인 세계 금융 구조를 교묘히 피할 수 있고 뒤덮을 수 있는 암호 화폐는 앞으로 오랫동안 규제에 저촉될 것이다.

2019년 페이스북이 자체 화폐로서 리브라Libra를 만들자 국회

의원과 당국은 이에 뜨거운 관심을 보였다. 이들이 그렇게 주시를 한 이유는 뭘까? 정답은 암호화폐의 가려진 어두운 이면에 있다.

블록체인의 미래 잠재성에 대한 평가

블록체인이 갖는 잠재된 영향력은 사람들이 상상하는 것보다 크다. 단순하게 암호에 불과하다고 여기지만 이는 빙산의 일각에 불과하다. 이는 2017년 3월 IT 정보기술 영화 음악을 아우르는 세계 최대 창조산업 축제 SXSWSouth by Southwest에서 내가 이야기한 부분이며《블록체인의 약속The Promise of Blockchain》을 쓰는 초석이 되었다.

블록체인은 기업 공급망인 물류, 수송, 화물 운송에 그 영향력을 발휘할 것이다. 소유권 및 기록 보관의 관리 연속성chain of custody(최초의 기록이 그대로 유지·보존되었는지 보여주는 것. 기록의 진본성을 판정하는 중요한 기준 중 하나 – 옮긴이)이 중요한 금융과 농업 같은 산업에서도 중요한 가치로 인정받을 전망이다.

블록체인은 확정된 거래 장부를 분산시킨다. 민간이나 기업에서 사용될 경우, 분쟁광물conflict minerals(콩고공화국 등 아프리카 분쟁지역 10개국에서 생산되는 주석, 탄탈, 텅스텐, 금 등 네 가지 광물을 이르는 말. 게릴라나 반군들이 채굴 과정에서 민간인의 노동을 착취하고 있어 국제사회가 규제에 나섰다-옮긴이), 화학약품, 화학적인 물질, 거래 등 규제의 틀이 요구되는 원산지, 내용물의 투명성을 즉각 제공할 수 있다. 농산물과 식품의 안전성과 더불어 공중 보건 및 공공 안전이라는 관점에서 봤을 때 중요한 가치를 가진다. 이러한 장점을 이용하기 위해 농산물과 식품 안전성 부분에서는 블록체인 사용과 도입을 위해 적극적으로 힘써 오고 있다.

블록체인이 다른 많은 산업들과 기업 분야에서 경제적 가치를 증가시킬 가능성은 엄청나다. 그러나 산업 전반에 걸쳐 동일하지는 않다. 게다가 경우에 따라 블록체인을 효율적으로 사용하여 얻을 수 있는 투자수익률은 현재 존재하지 않을 수도 있다. 전반적으로 블록체인이 가장 가치 있게 쓰일 곳은 공급망에 대한 위험이 발생하거나, 보건 및 안전 문제가 언급되는 곳인 것처럼 보인다.

거래량이 많은 곳에서 블록체인은 진가를 발휘한다

블록체인은 장기 보유 자산의 기록을 보관하는 용도보다 움직이는 자산에 사용될 때 그 진가가 발휘된다. 유동 자산이 빈번하게 거래되는 금융 시장을 보자. [도표 10-4]처럼 퓨처리스트 인스티튜트의 블록체인 사용 가능성에 대한 평가에서도 드러난다.

[도표 10-4] 블록체인의 잠재 가능성 평가

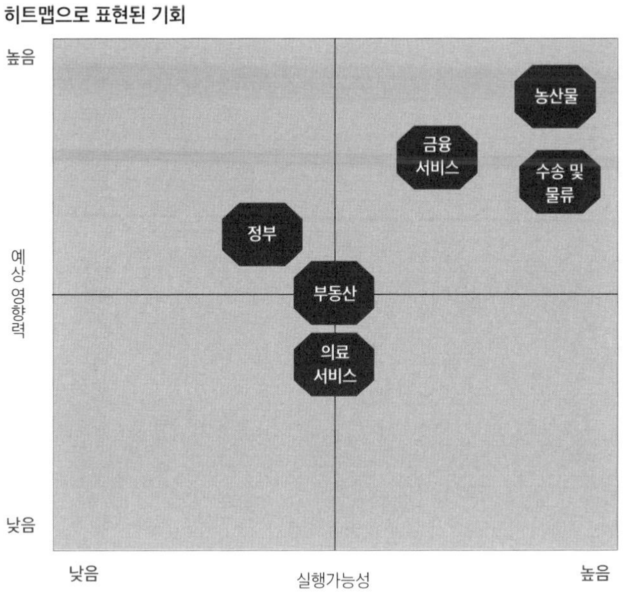

출처: 프레스티지 이코노믹스, 퓨처리스트 인스티튜트

빈번한 거래는 블록체인의 활용과 가치를 높인다. 그러나 미국에서는 의무적으로 따라야 하는 규제 요건과 지배적인 법 때문에 블록체인 사용이 의료서비스, 부동산, 정부의 데이터에서는 제한된다. 대신 농산물, 수송 및 물류, 금융 서비스 분야에서는 블록체인이 활성화되고 있다.

[도표 10-5] 금융 서비스 쪽 블록체인 평가

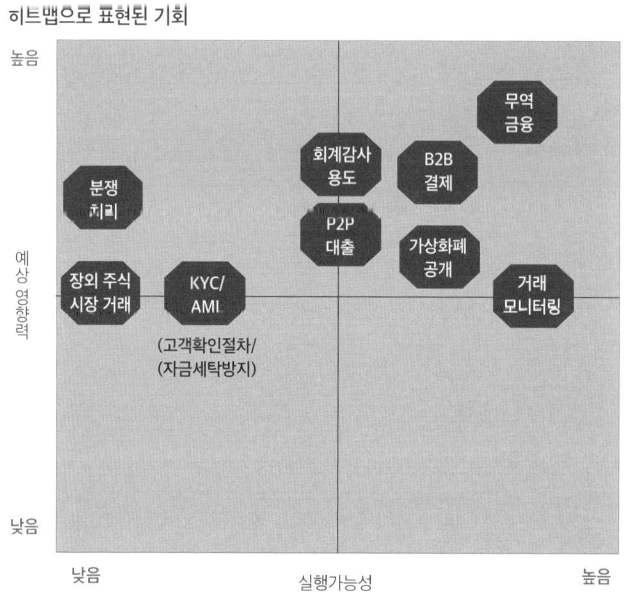

출처: 프레스티지 이코노믹스퓨처리스트 인스티튜트

금융 서비스 내 블록체인의 가치평가

나는 퓨처리스트 인스티튜트 회장으로서 산업 전반에 걸쳐 블록체인이 기업과 상업에 끼치는 영향을 분석하고 연구했다. 전반적인 개요는 [도표 10-4]에서 볼 수 있다. [도표 10-5]는 금융 서비스 분야에서 블록체인이 잠재적으로 어떻게 이용될지에 관한 퓨처리스트 인스티튜트의 평가를 볼 수 있다. 전반적으로 블록체인이 잠재적으로 가장 큰 가능성을 가진다고 보는 분야는 무역 금융과 B2B(기업과 기업 사이에 이루어지는 전자상거래-옮긴이) 결제 분야이다.

생성된 기록을 보관한다는 점과 상업적 관점에 집중해 보면 기업 간 거래에 블록체인은 필수적이다. 다른 말로 하면 기업 간 거래에서 블록체인은 대기업과 경제 전반 자금의 흐름을 주도한다는 뜻이다.

기업의 입장에서 블록체인은 거래를 모니터링해 감독하고 규제하는 도구로 사용될 뿐 비즈니스 운영상의 투자수익률ROI에 기여하지 못한다. 냉정하게 평가한다면 블록체인은 경제적인 측면에서 높은 가치로 인정받을 만한 것이 못 된다. 그러나 거래할 때 발생할 수 있는 사기 및 범죄를 줄이는 일에는 그 가치가 빛난다.

금융 서비스의 장외 거래OTC 같이 복잡한 금융 시장에서 블록체인은 빛을 발휘하지 못한다. 금융 구조가 복잡할 때 거래에 주석을 달고 추적을 하는 일이 매우 번거롭고 금융 교류가 너무 정교한 장외 거래에서는 블록체인이 힘을 잃는다. 장외 거래에 블록체인 기술을 활용하는 것은 마치 손으로 자가 발전기를 돌리는 것과 같다. 이 경우는 블록체인이 유용하지 않다. 그러나 이런 경우가 드물기에 금융 서비스 산업이나 경제 전반에 큰 영향을 미치지는 않는다.

블록체인은 또한 다양하고 수많은 분야에서 사용될 것으로 보인다. 주목할 만한 점은 ICO(암호화폐공개)에서 블록체인의 사용이 어떻게 이루어질지에 대한 우리의 평가이다. 블록체인은 암호화폐에 힘을 실어주는 기술로써, 블록체인과 암호화폐는 연결된 개념이었다. 그러나 그렇다하더라도, ICO에 대한 규제가 있을 때 발생할 수 있는 위험성은 해결해야 할 문제이다.

만약 ICO가 보안법에 저촉되지 않으며, 법에 의해 관리될 수 있다는 것이 증명된다면, ICO는 앞으로 10년 안에 받아들여질 수 있을 것이다. 지금은 헤지 펀드 투자자들과 위험을 무릅쓰는 투자자들이 수익률 사냥에 있어서 또 다른 암호화폐를 찾아내는 것을 계속할 것이다. 그러나 다양한 종류의 암호화폐가 성공 가능성이 있는 일종의 자산군으로서 존속력을 가지는지 아닌지는 두고 봐야 한다.

기록 보관에 있어 블록체인 사용 전망이 매우 밝더라도 암호화폐 전망은 여전히 엇갈린다. 어떤 점에서 보면 블록체인은 추적, 규제, 안전 요건뿐 아니라 거래량이 많은 금융, 수송, 물류, 농업 업종에 맞춤형 기술이라 해도 과언이 아니다. 블록체인 기술은 앞으로 더욱 발전할 가능성이 높다. 그러나 암호화폐, 특히 비트코인은 상당한 위험과 마주하고 있다.

블록체인이 주는 희망 그리고 과장성

블록체인 기술은 분산된 정보로 인한 비용을 줄이고 경제적 가치를 증가시킨다. 알렉산드리아 도서관Library of Alexandria 수준의 정보 및 지식의 보존을 약속하며 기업과 정부, 각 개인에게 희망의 메시지를 준다. 앞서 언급한 일들은 앞으로 몇 년 동안 블록체인이 기여할 부분 중 일부이다. 내 저서《블록체인의 약속Promise of Blockchain》에서도 이 점을 강조했다.

그런데 블록체인은 부를 창출하는 신기술로 불리긴 하지만 여전히 과장되게 부풀려지고 있다. 세계 역사상 가장 큰 투자 거품이 일고 있는 셈이다.

블록체인이 규제받지 않는 암호화폐 거래에 이용될 경우 테러범, 무정부주의자, 조직 폭력배, 정치적 불순분자들이 활개를 치도록 그냥 두는 것과 같다. 그만큼 전 세계 금융을 파괴하는 위협

적인 존재가 된다. 블록체인을 파괴적 기술로 보는 이유가 여기에 있다.

반면, 블록체인이 주는 희망과 부풀려진 과장이 팽창하면 규제를 강화해야 한다는 근거가 마련된다. 미국을 포함한 여러 국가에서 미래 금융을 암호화시킬 때 규제와 그 규제 준수를 먼저 앞세우는 빌미로 작용된다. 이러한 상황은 코로나19 팬데믹 이전에도 진행되었지만 이후에도 여전할 것이다.

◆ 미래 금융 위기 대처법

블록체인은 허가받은 데이터를 공유하는 데이터베이스로 이는 기업과 사회에 중대한 가치를 지니며, 암호화폐는 익명성 때문에 거래를 추적하기 어렵다. 블록체인과 암호화폐는 장단점을 파악한 투자자의 선호 품목이 되었다. 고도의 범죄 수사가 암호를 추적한다 해도 일어나는 거래를 멈추게 하기는 불가능하다. 그럴수록 블록체인, 암호 화폐의 보이지 않는 위험성을 자각하라. 규제는 그 이상일 수 있다.

CHAPTER 11

양자 컴퓨팅

양자 컴퓨팅은 앞으로 10년 동안 컴퓨터 분야에 큰 변화를 가져올 것으로 보인다. 오늘날 우리가 사용하는 컴퓨터는 이진법(1과 0)을 기반으로 작동된다. 1과 0이 '비트'를 형성하는데, 그 비트는 이진수에 대한 '포트만투portmanteau(가운데가 이등분이 되게 입이 넓게 열리는 가방-옮긴이)'라고 볼 수 있다.

하지만 양자 컴퓨팅은 단순히 1과 0의 개념이 아니다. 1과 0 사이에 상태가 다른 비트가 있는데, 그 비트를 '큐비트qubits'라 한다. 이를 통해 켜짐, 꺼짐 혹은 동시에 둘 다 켜짐, 꺼짐이 가능하다.

컴퓨팅 프로세스가 하나 추가된 게 뭐 그리 대수냐고 하겠지만 그렇지 않다. 비즈니스, 과학, 통신, 사이버 보안, 국가 보안기술에 변화를 보여주며 앞으로 이 컴퓨터 성능과 힘의 영향은 기하급수적으로 커나갈 것이다. 당연히 금융의 미래에도 양자 컴퓨팅은 중요할 수밖에 없다. 하지만 이제 시삭 난계로 상용화되기까지 많은 제약과 위험, 과제가 남아 있다.

양자 컴퓨팅은 다양한 산업에 영향을 줄 잠재력이 있다. 산업의 불균형처럼, 일부 산업은 더 발전된 양자 컴퓨팅을 수단으로 큰 이익을 창출한다. 분석해야 하는 데이터가 방대한 산업과 많은 데이터로 시장을 분석하는 금융은 양자 컴퓨팅의 수혜가 큰 분야이다. 그러므로 금융의 미래를 다루는 이 책에서 양자 컴퓨팅을 빼놓을 수 없다.

현재 양자 컴퓨팅의 소프트웨어와 하드웨어는 변화가 필요하다. 양자 컴퓨팅의 물리적 도전과제는 온도다. 진짜 양자 컴퓨터가 되려면 절대 영도에 가까운 온도에서 작동해야 하기 때문이다. 이는 물리학에서 해결해야 하지만 양자 컴퓨팅이 실용화되었을 때 절대 영도에 가까운 온도로 냉각되는 거대한 양자 컴퓨터를 집 한켠에 두게 될 것이라는 뜻이 아니다. 양자 컴퓨팅 기술이 프로세서processor로서 클라우드에 접목되어 QaaSquantum as a service 플랫폼을 구현해 활용된다는 의미이다. 클라우드를 기반으로 한 기술 또는 많은 종류의 응용 프로그램이 이와 같은 시스템을 따른다. 사실, 양자 컴퓨터에 준하거나 광양자photon 컴퓨터 기술이 들어간 현장 실온 보조 프로세서를 사용하는 방법도 있다. 그러나 우리가 기대하는 '진짜' 양자 컴퓨팅과는 아직은 다른 컴퓨터일 확률이 높다.

지금과 같은 환경에서는 우리에게 양자 컴퓨터 기술이 필요하기 때문에 앞으로 양자 컴퓨팅은 더욱 개발될 것이다.

미래에 양자는 우리 삶에 필수적이 될 것이다. 코로나19 이후 집단 디지털 변환으로 데이터는 급속도로 대량 생성되고 있다. 데이터 수집이 증가하면 숫자의 의미를 분석하고 세분화하는 방법이 중요해진다. 빅데이터의 생성과 수집을 포함하는 데이터의 변화, 예측 분석, AI는 양자 기술의 도입을 촉진시킨다. 그래서 양자 컴퓨팅은 있으면 좋은 게 아니라 꼭 있어야 하는 필수조건이 된다.

특히 최적화, 효율성, 국외자 식별과 관련한 기업NP(비 결정론적 다항식 시간) 문제를 해결하기 위해, 포괄적이고 광범위한 데이터 분석이 필수적이다. 또한, 계산 및 통계 처리 능력의 한계를 최대한으로 끌어올려야 한다. 패널데이터panel data를 이용해 과학적, 의학적 통찰을 가지도록 도움을 줄 수도 있다.

물론, 우리는 입증되고 구조화된 데이터 분석 과정을 따라야 한다. 그것이 정확하고 신뢰를 준다면 '양자'는 데이터 조사, 과학 연구, 사회 전반에 걸쳐 있는 금광이다. 더불어 금융의 미래에 매우 획기적인 자산이 된다.

매우 유용한 이 기술에도 위험 요소는 따른다. 양자가 블록체인 기술, 암호화폐 같은 모든 종류의 암호화 기술에 치명적인 위험을 초래해 암호를 파괴하고 사이버 보안을 무용지물로 만들 수도 있기 때문이다. 따라서 우리는 예상되는 이런 위협을 미리 계산해야 한다. 사이버 보안 문제가 기업, 정부, 개인에게 영향을 준다는 점을 제외하고도, 양자 컴퓨팅이 가져올 변화들은 우리가 먼저 인지해야 할 사항이다.

혜택을 받을 가능성이 높은 산업

2018년 산업 전반에 걸친 양자 컴퓨팅 회사와 양자의 상업적 기회에 대한 분석과 연구를 퓨처리스트 인스티튜트 회장으로서 총괄을 한 적이 있다.

우리는 양자 컴퓨팅의 혜택을 받는 산업과 혜택을 받을 산업을 분류했다. 금융, 정부, 수송 및 물류(예를 들면 전자상거래), 에너지, 의료, 농업은 직접적인 혜택을 받는다. [도표 11-1]에서 볼

[도표 11-1] 분야별 양자 컴퓨팅 영향력 잠재가능성 평가

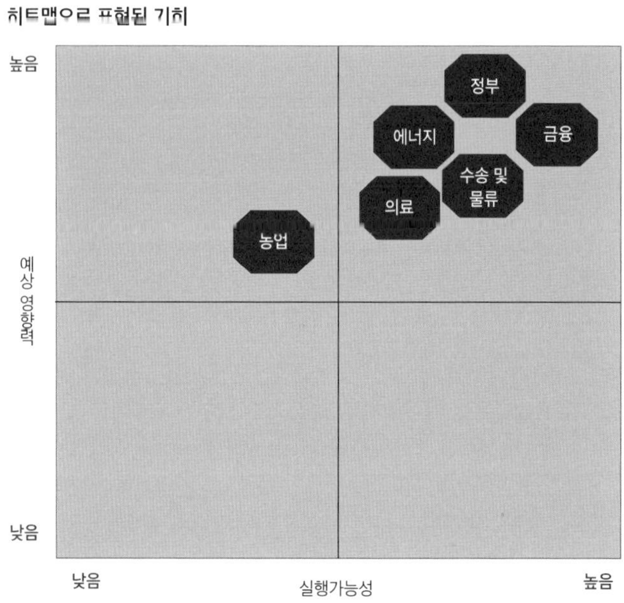

출처: 프레스티지 이코노믹스, LLC

수 있듯, 금융은 양자 컴퓨터로부터 영향을 가장 많이 받는(가장까지는 아닐 수도 있지만) 분야 중 하나가 될 가능성이 높다.

이 자료는 상업적인 일반 컴퓨터와의 통합 사례가 아직은 없기 때문에, 보편적인 양자 컴퓨터의 사용은 아직 이론에 불과하다. 연구 목적상 방대한 자료를 가지고 있거나 과학적으로 깊은 관련이 있어 양자 컴퓨팅을 유익하게 사용하는 자연과학, 엔지니어링, 수학의 사용 사례는 제외했다. 또한 전문가, 기업, 경제 전반에 영향을 미치기까지는 더 오랜 시간이 걸릴 수 있어서 이것 역시 연구에서 제외했다.

우리가 고려한 주요 산업 같은 경우는 데이터 분석 예측, 기계 학습, AI 솔루션의 사용 사례에 세심한 관심을 기울였다. '양자' 분야가 완전한 상용화를 이루게 된다면, 그때 양자 컴퓨팅은 다음 단계를 향해 넘어갈 수 있다. 양자 분야의 성장과 함께 AI 역시 훨씬 높은 수준으로 향상될 것이다.

퓨처리스트 인스티튜트가 평가한 금융에서의 양자

앞서 언급했듯 금융은 양자의 역할이 기대되는 전문분야 중 하나이다. 금융은 거래가 많은 분야로서 기술을 빠르게 수용하고 기존의 기술에 접목한다. 기술에 의한 거래증가가 이 사실을 입증한다.

[도표 11-2]를 보면 금융에서 양자 컴퓨팅을 사용한 11건의 사례를 확인할 수 있다. 알고리즘 혹은 기술에 의한 거래의 증가가 이 사실을 잘 입증해오고 있다. 심지어 금융 조사 회사인 프레스티지 이코노믹스Prestige Economics도 알고리즘 거래에 의한 역학 관계를 기술적으로 분석하고 있다.

[도표 11-2] 금융에서 양자 컴퓨팅의 사용 가능성

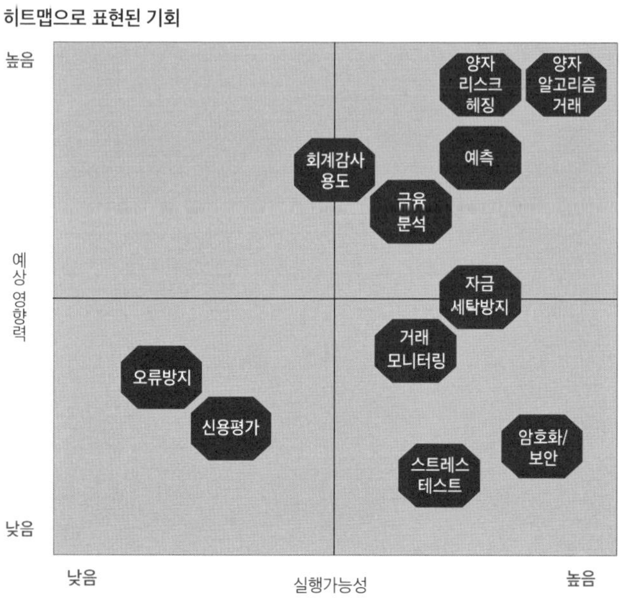

출처: 프레스티지 이코노믹스, 퓨처리스트 인스티튜트

데이터 분석, 데이터 예측 분석, 기계 학습, AI는 금융에서 이제 더 이상 새로운 기술이 아니다. 여기에 더해 양자 컴퓨팅은 금융 시장 분석가들이 좀 더 효율적이고 정확한 예측을 할 수 있도록 돕는다.

시장에서 최적화된 빠른 거래 모델은 금융 회사의 수익 증대에 이바지한다. 금융 시장에서 보이는 데이터의 양은 사실상 상상할 수 없을 정도로 방대하지만, 기존 컴퓨터로는 자료를 통합할 수 있는 양이 제한돼 있다. 이런 상황에서 양자 컴퓨팅이 도입된다면 분석할 수 있는 데이터의 양이 훨씬 많아진다. 거래자들이 양자 알고리즘이 건넨 정보로 거래할 때 시장가격을 보다 정확하게 예측할 수 있고, 더 큰 수익을 내도록 돕는다.

사회 전체로 봤을 때 위의 언급 사례가 가장 높은 가치는 아닐 수 있다. 하지만 금융에서 수익이라는 관점으로 봤을 때는 분명 높은 가치이다.

양자 알고리즘 거래의 사용 사례와 비슷하지만 사회에 더 큰 이익을 주는 것은 양자에 의한 리스크 관리Risk Management(최소한의 노력으로 위험의 결과로 인해 발생하는 손해를 방지하거나 최소화할 것을 목적으로 하는 관리 기법-옮긴이)) 및 헤징Hedging(현물가격의 변동에 따라 발생할 수 있는 손실을 최대한 줄이기 위해, 선물이나 옵션 등 파생상품을 이용하여 시장에서 현물과 반대되는 포지션을 설정하는 것-옮긴이) 전략이다. 같은 종류의 시장자료가 알고리즘을 통해 거래자에게 유용하게 쓰이지만, 기업의 위험을 줄이기 위한 목적으로도 사용된다.

기업들은 금리, 외환, 상품 가격 리스크를 포함한 모든 종류의 위험들과 직면해 있다. 위험을 미처 파악하지 못하거나 잘못 이해하면 수익률에 악영향을 미쳐 기업은 재정 압박을 받고 근로자는 일자리를 잃는다. 따라서 기업은 효과적으로 위험관리와 회피할 전방위적인 전략을 세워야 한다.

시장을 기반으로 한 양자 컴퓨팅의 사용 사례는 예측과 금융분석에 집중돼 있다. 경제 지표, 시장, 기업, 지수를 예측하거나 분석하는 것이다. 양자 알고리즘이나 양자 헤징만큼 분명하고 명확하게 사용되지는 않지만, 그래도 상당히 양자 컴퓨팅과 연결되는 부분이 있다.

앞서 말한 네 가지 활용은 금융 시장의 수익률을 극대화하기 위해 만들어졌다. 이 네 가지는 실현 가능성이 높고 큰 영향력을 보이는 사례이다.

금융 안에서 양자 컴퓨팅과 관련한 나머지 일곱 가지 이용 사례는 자금 보호, 규제의 필요성, 기타 금융 산업의 보안과 관련돼 있다.

우리는 AML(자금 세탁 방지), 거래 모니터링, 스트레스 테스트 Stress testing(예외적이지만 일어날 가능성이 있는 시나리오를 가정하여 금융시스템이 받게 되는 잠재적 손실을 측정하고 재무 건전성을 평가하는 것 – 옮긴이), 암호화 등이 금융에서 양자 실현 가능성을 높인다고 보고 있다. 하지만 영향력이나 수익면에서는 기대보다 낮을 수도 있다.

잠재적으로 큰 영향을 줄 수 있음에도 실행 가능성이 모호한 사례 중 하나는 회계감사에서 양자 컴퓨팅을 사용하는 것이다. 블록체인에 기록될 끝없는 데이터를 양자가 감사 프로세스를 샘플링sampling하고 테스트하는 유용한 도구가 된다. 그럼에도 회계감사에서 양자 기술 도입은 천천히 이루어질 전망이다.

금융 분야의 양자 컴퓨팅 마지막 두 가지 사용 사례는 오류방지 및 신용평가이다. 그러나 이는 상대적으로 실행 가능성이 낮고 잠재 가치도 낮다.

양자 컴퓨팅이 가진 비결정적인non-deterministic 특성과 병렬처리parallel process 기술은 이상한 정보나 오류를 찾는 데 도움이 된다. 같은 값을 입력해도 경우에 따라 다른 결과가 나오는 경우를 잡아내고 동시에 여러 명령이나 데이터를 처리하게 돕는 것이다. 상상할 수 없는 수준의 데이터를 가지고 처리하기 까다로운 문제를 해결하기 때문에 규제와 감사에서 거래 및 예측에 이르기까지 양자 컴퓨팅은 매우 이상적인 기술이다.

필요성이 대두되는 양자 컴퓨팅 기술

이제까지 양자 컴퓨팅 기술에 투자하거나 양자 컴퓨터를 설치하는 일은 기업의 선택사항이었다. 리스크를 감당할 가치가 없다고 판단하거나 기능보다 비용이 많이 든다는 결론을 내리고 선택을 거부할 수 있다. 기술에 대해 확신도 불명확하기에 신뢰의 한계에 부딪힐 수도 있다. 사용이 간단한 기업 인터페이스나 양자 기반 앱은 고사하고 현재 상용 단계에 있는 하드웨어나 소프트웨어도 없을 뿐더러 특정 개인이나 산업의 필요에 부응하지도 못하는 게 현실이다. 그래서 섣불리 투자를 감행하지 못한다.

그러나 양자 컴퓨팅이 발전은 필수불가결이다. 특히 금융 분야는 향후 10년 안으로 양자 컴퓨팅 도입에 있어 선두를 차지할 것이다. 이렇게 확신하는 이유는 미래를 논하는 다른 주제와 마찬가지로, 기술발전을 역사적 맥락에서 본다면 시대의 흐름이다.

손안의 디지털에서 쏟아지는 데이터를 어찌 감당할 것인가? 데이터를 분석해야 소비 심리와 양상을 파악할 수 있는데 다른 대안이 있는가? 이 두 질문만 받아들이더라도 양자 컴퓨팅 외에 다른 해법이 떠오르지 않는다. 그러나 큰 변화를 일으킬 양자라도 조심스럽게 접근해야 한다.

불공정 주식거래인 펌프 앤 덤프ump-and-Dump(주가에 영향을 주는 허위 정보를 인터넷에 유포시켜 주식가격을 끌어올린 다음 이를 팔아 차익을 챙기고 빠져나가는 주식거래-옮긴이)에 투자하며 유망한 기술을 소비하기 위해 달려드는 집단 메뚜기 떼로부터 공격받기 때문이다.

양자 컴퓨팅이 선보일 변화는 새롭게 다가온다. 새로운 인터넷 혹은 새로운 블록체인을 말하고자 하는 것이 아니다. 양자 컴퓨팅은 금융과 같이 엄청난 양의 데이터를 다루는 분야에서 컴퓨팅의 새로운 방법이 될 것이다. 기술로 인한 혼란과 진보를 겪었던 과거 시대에 컴퓨터 사용이 획기적이었던 것처럼, 양자는 코로나19 이후 금융의 미래를 이끌 것이다.

◆ 미래 금융 위기 대처법

양자 컴퓨팅이 금융의 미래를 이끌 것이다. 투자하겠다면 혜택받는 회사를 따져보고 조사하라. 데이터가 방대한 산업과 많은 데이터로 시장을 분석하는 금융은 양자 컴퓨팅의 수혜가 큰 분야이다. 뿐만 아니라 정부, 수송 및 물류, 전자상거래, 에너지, 의료, 농업에도 주목하라.

CHAPTER 12

사이버 보안

팬데믹 이후 금융의 미래는 사이버 보안에 집중된다. 자칫 이를 무시하면 기업은 난도질을 당할 수 있다. 해킹이나 사이버 테러의 위협은 생각보다 빨리 그리고 몰래 닥칠 것이다. 이에 대해 금융 분야는 만반의 준비를 해야 한다. 안으로 들어오는 파리를 파리채로 찰싹 때려잡듯 사이버 공격을 계속 막아내야 한다. 기술 분야 비용이 감소하고 양자 컴퓨팅이 급진적으로 발전함에 따라 사이버 보안 수요도 수년 내에 크게 증가할 낌새를 보이고 있다.

금융의 미래에 있어 사이버 보안 문제는 매우 중요하다. 나는

2018년 카네기 멜론 대학Carnegie Mellon University에서 사이버 보안 관련 자격증을 취득했다. 이를 배경으로 금융의 미래를 위해 알아야 할 세 가지를 여기서 함께 나누려 한다.

첫 번째는 '회복탄력성Resilience' 개념이다. "당신의 회사가 다시 회복될 수 있는가?"를 의미한다. 이는 본질적으로 기업의 생존 가능성과 연결되는 질문이다. "당신의 회사는 사이버 공격에도 살아남을 수 있는가?" 혹은 "계속 진행되는 이 문제를 중단시킬 수 있을 것인가?"라는 질문까지 덧붙일 수 있다.

회복탄력성을 가지려면 사이버 공격에 대응 가능한 회사여야 한다. 다시 말해 사이버 공격으로부터 업무를 방해받지 않고 고객을 잃지 않는 회사이다.

두 번째는 '자원관리Resource Management'이다. 쉽게 말해 "회사 보안에 예산 투입을 어느 정도까지 해야 하는가?"라는 문제다. 이는 앞으로 다가올 수십 년 동안 금융 회사가 겪을 난제 중 하나가 될 것이다. 전체 운영 예산을 사이버 보안 쪽에 전부 쓸 수 있지만, 설령 그렇게 하더라도 여전히 사이버 보안의 노출과 위험은 존재하기에 100% 안전감은 느끼지 못한다. 결국, 회사는 비수익 창출 활동인 사이버 보안에 얼마나 자금을 할애할 것인지 선택을 해야 한다. 금융 분야에서는 이 사안이 두 배로 중요하다.

세 번째는 '공격 노출면Attack Surface'이다. 잠재적인 사이버 공격으로부터 노출되는 지점과 공간의 정도를 의미한다. 어느 회사든지 여기에 위험부담을 안고 있다. 따라서 중앙집중식 네트워크를 이용해 정보 흐름을 제어하고 노출을 제한해야 한다.

공격 노출면과 블록체인 기술

블록체인 기술의 공격을 받는 노출면은 다른 데이터베이스를 이용할 때보다 더 크게 나타난다. 블록체인 시스템은 거래 장부의 분산으로 암호보안과 기록의 투명성을 높이기 위해 사용되지만, 역효과를 낼 수도 있다. 회사의 공격 노출면이 증가하는 역효과를 말하는데, 이 점이 잠재적인 위협에서 사이버 보안을 더 취약하게 만든다.

당신이 어떤 회사 재무 담당이라고 가정해보자. 배송명세서와 결제 정보가 누출되었을 때, 부서 사람 중 누가 누출시켰는지 추적하기란 상당히 쉽다. 실패의 위험이 그 중심에 있지만 공격받는 노출면이 작아 범인 파악이 가능하다.

하지만 당신이 넓은 분산형 네트워크를 통해 정보를 공유하면 추적이 불가능하다. 블록체인에 접근하여 민감한 정보를 공유하는 개인의 수가 어마하게 늘어나기 때문이다.

양자 컴퓨팅과 떠오르는 위험들

양자 컴퓨팅은 블록체인, 비트코인, 암호화폐의 벽을 무너뜨리는 위협적인 존재이다. 모든 종류의 암호와 암호로 구성된 데이터에 위협을 가하기에 당신의 이메일 계정에서 은행 계좌에 이르기까지 온라인상 정보가 취약해진다는 뜻이다.

이론적으로 암호를 해독할 때 양자 컴퓨터가 가치 있게 쓰인다. 비결정적인non-deterministic(어떤 행동을 한다고 해서 결과가 정해져 있는 것이 아니라 변수가 많은 환경의 – 옮긴이) 계산을 동시에 할 수 있는 능력이 있기 때문이다. 양자 컴퓨터가 암호를 해독하고 위협하기 전에 보안을 절대적 수준까지 올려야 한다.

절대적인 보안 수준은 양자 암호quantum cryptography(양자 역학의 특성을 이용하여 안전하게 정보를 보호하기 위한 알고리즘-옮긴이)를 사용함으로써 유지된다. 양자 암호가 가능한 이유는 양자 컴퓨팅의 암호 시스템과 암호가 확률적 방법에 의존하는 동일한 특성을 가지기 때문이다.[1]

즉, 양자 컴퓨팅은 현존하는 암호 관련 기술들을 위협하고 있다. 그러나 역설적이게도 양자 컴퓨팅은 이런 위협에 대응하는 미래의 해결책이자 대체물이 될 것이다.

"암호는 죽음을 맞이했습니다."

"돌아가신 암호를 위하여!"

양자 암호를 얘기하려면 1984년으로 거슬러 올라가야 한다. 양자 암호 키 분배quantum key distribution 기술을 사용함으로써 현대 암호기술 해독이 가능한 수준까지 끌어올린다. 다시 말해 양자 통신을 위해 비밀 키를 분배 관리하는 기술로 보안이 필요한 두 시스템에 양자 암호 키 분배 시스템을 설치해 운용함으로써, 두 시스템은 암호 알고리즘 동작에 필요한 안전하게 잠재적으로[2] 공유하는 것이다. 물론 양자를 암호화하는 것은 가치 있는 일이지만 즉각적인 접근이 필요하지는 않을 수 있다. 일반 프로세서와 양자 프로세서의 결합으로 알려진 보조 프로세서에 모두가 접근할 필요는 없다는 얘기이다. 그러니 필요에 따라서 진행하면 된다.

기존 암호를 양자 암호로 업그레이드시켰을 때, 국가 보안과 관련된 컴퓨터는 특별히 중요하다. 양자 컴퓨팅의 힘을 빌려 외국 통신을 해독하면서 동시에 미국 통신을 보호하기 때문이다.

[도표 12-1] 미국을 앞선 중국의 양자 특허[3]

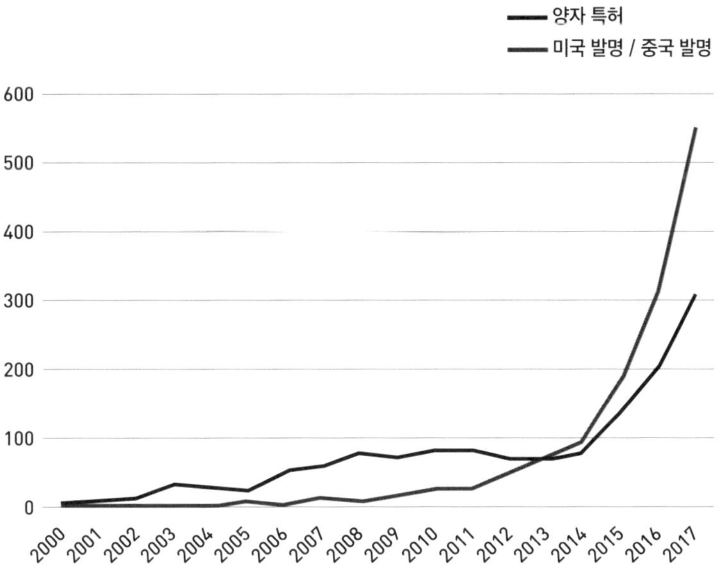

출처: 패틴포매틱스, 블룸버그, 프레스티지 이코노믹스, 퓨처리스트 인스티튜트

양자 컴퓨팅 경쟁에서 이기는 것은 미국이 군사적 우위를 유지하는 데 중요한 전제 조건이다. 그러나 미국은 양자 컴퓨팅 경쟁에서 밀릴 위험에 처해 있다. [도표 12-1]을 보자. 중국의 양자 컴퓨팅 특허는 미국보다 크게 앞서고 있다.

양자 물리학은 중국 중장기 과학기술 발전 계획(2006~2020)에서 강조된 4대 과학 연구 프로그램 중 하나이다. 미국이 2018년 중국에 부과한 미국통상법 301조The Section 301 tariffs의 시행 전, 미국 무역대표부USTR가 발표한 보고에도 이를 우려한 목소리를 냈다.[4] 게다가 피터 나바로Peter Navarro 미 무역대표부 대표는 양자 컴퓨팅 경쟁을 포함하여, 기술 경쟁에서 미국이 중국에 밀릴 위험성을 자주 드러냈다. 자신의 책에서도 우려를 표명했다.[5] 요컨대, 양자를 놓고 벌이는 경쟁에서 중국이 승기를 잡았으며 미국 정부는 최근에야 양자 연구에 수십 억 달러를 배정했다는 것이다.

회복탄력성과 금융

국가 안보는 양자 컴퓨팅 기술을 활용하는 업계에서 우위를 점하고 있다. 금융 분야도 이에 못지않게 상단을 차지한다.

회복탄력이라는 개념을 고려해본다면, 아주 거대한 보안침입 문제로 골머리를 앓고 있는 회사들의 고민을 확실하게 멈출 수 있어야 한다. 금융은 수탁의무를 지고 있다. 따라서 소매 및 기관의 데이터를 보호할 수 있어야 한다. 양자로 암호를 해독하는 세상이 열리면서, 동시에 은행은 훌륭한 타깃target이 되었다.

양자의 암호체계가 정보를 더 안전하게 만들어준다는 점에서

[도표 12-2] 2018 사이버 공격으로 인한 1인당 지출 비용

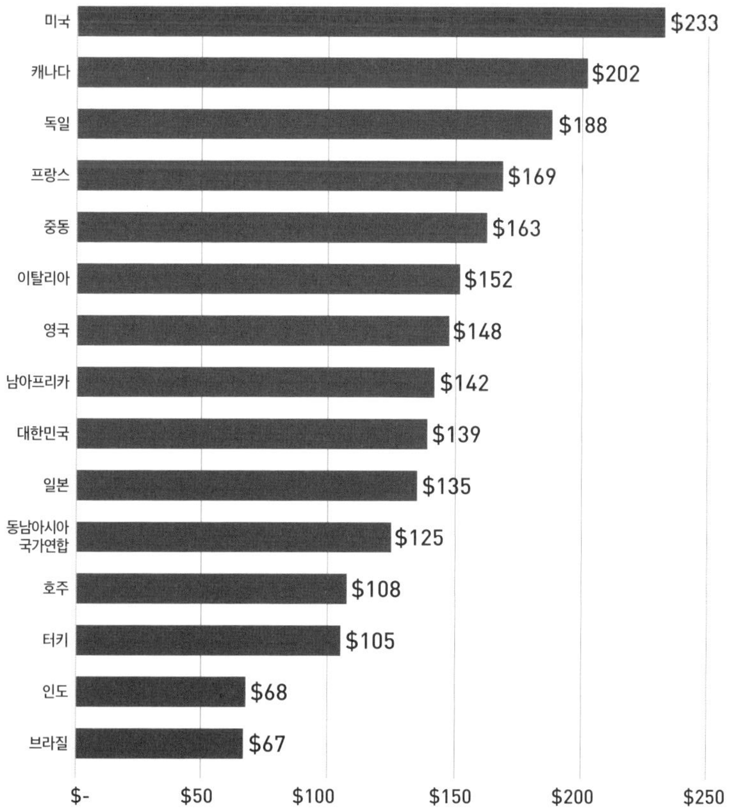

출처: IBM, 프레스티지 이코노믹스, LLC, 퓨처리스트 인스티튜트

[도표 12-3] 사이버 공격의 발생 근원[7]

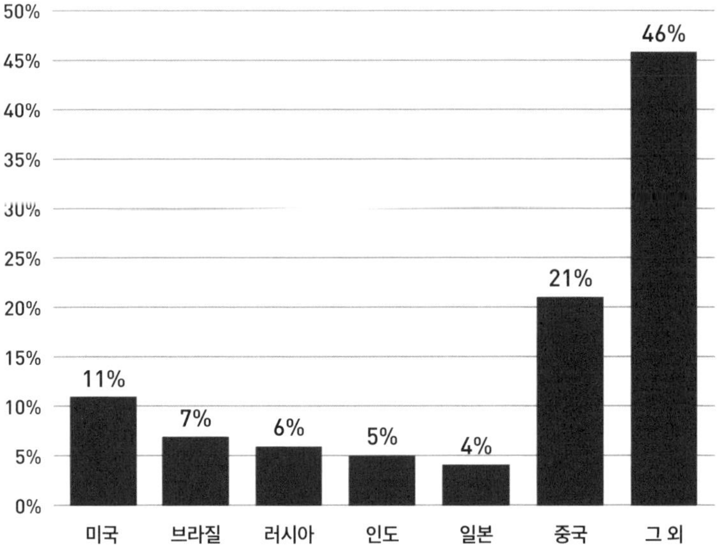

출처: 시만텍, 프레스티지 이코노믹스, LLC, 퓨처리스트 인스티튜트

금융기관이 생각하는 양자 암호는 절대적이다.

양자 컴퓨터에 쏟는 노력은 미국에서 특히 높다. [도표 12-2]는 미국이 양자 컴퓨터에 투자하는 비용을 제외하고도, 1인당 사이버 보안 지출 비용이 세계에서 가장 높다는 것을 보여준다. 중국에서 사이버 공격을 일으키는 근원이 미국의 2배에 해당한다는 사실은 [도표 12-3]에 나타난다.

중국이 미국보다 양자 컴퓨팅 관련 특허가 더 많다는 것과 중국발 사이버 공격이 미국보다 많다는 것은 양자 경쟁에서 중국이 승리한다는 우려를 만든다. 이는 미국 정부뿐 아니라 미국 금융기관들까지도 매우 불안하게 만들고 있다.

예산 관리와 사이버 보안 전략

금융기관은 '자원관리'가 미치는 영향을 고민한다. 회사 보안에 예산 투입을 어느 정도까지 해야 하느냐를 결정하는 것은 큰 산을 옮기는 것과 같다.

시간, 처리 능력, 비용 면에서 기업이 양자 컴퓨팅 사용을 고려할 때도 마찬가지이다. 양자 컴퓨팅이라고 해서 꼭 모든 분야에 잘 활용되는 것은 아니기 때문이다. 양자 컴퓨팅이 노력한 만큼 성과를 못 내기도 하지만 금융 분야에서만큼은 중요한 역할을 감당한다.

정부 예산에서도 마찬가지이다. 사이버 보안에 들어간 돈의 양은 계속해서 증가해왔다. 정부 예산에서 뿐만 아니라 미국 GDP에서 차지하는 비율 또한 점점 높아지는 추세이다.

[도표 12-4]는 미국 정부가 사이버 보안에 지출을 늘리는 모습을 나타낸다. [도표 12-5]를 보면 미국 GDP에서 사이버 보안

[도표 12-4] 미국 정부기관이 지출한 사이버 보안 관련 자금 총합계

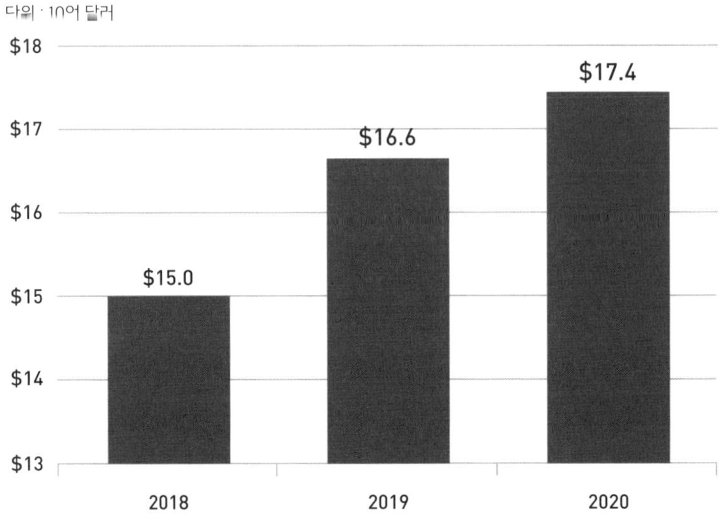

출처: 백악관, 프레스티지 이코노믹스, LLC, 퓨처리스트 인스티튜트

지출이 차지하는 비율 역시 증가한 것을 볼 수 있다.

사이버 보안이 국가 보안에 영향을 미치는 수준을 넘어 사이버 공격에 대비해 막대한 자원이 투자된다는 사실이 중요하다. 현재 미국은 중국이 양자 컴퓨팅 분야를 먼저 선점한 것을 우려하고 있다. 반면 유럽연합은 양자 컴퓨팅에 있어 '미국의 지배 가능성'에 긴장하고 있다.[8]

[도표 12-5] GDP 대비 사이버 보안 지출 비율[10]

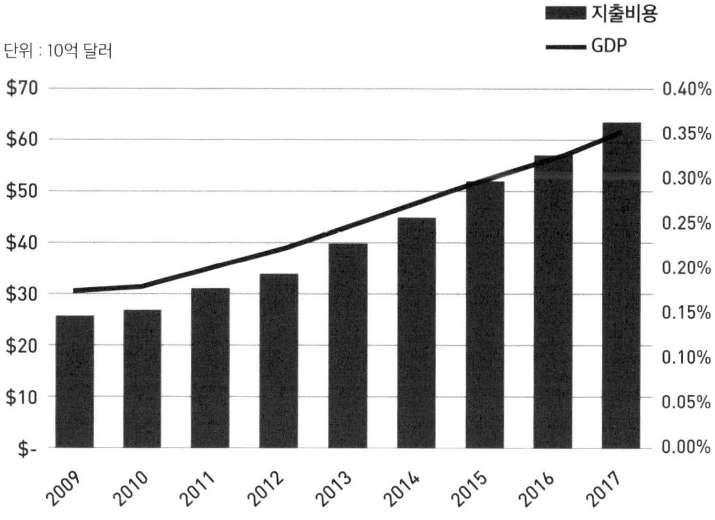

출처: TIA, 프레스티지 이코노믹스, LLC, 퓨처리스트 인스티튜트

양자 컴퓨팅이 사이버 보안의 군비 경쟁Arms Race을 촉발했다고 보면 안 된다. 확인할 수 없지만, 이전에도 세계적으로 사이버 보안 군비 경쟁은 있었다. 국가 안보와 군사력 강화라는 확신하에 군대를 증강하거나 무기의 파괴력을 향상시키고 무기의 양을 경쟁적으로 증가시키는 일련의 행위는 한 번도 멈춘 적이 없다. 금융회사뿐만 아니라 정부가 사이버 보안에 막대한 금액과 상당한 자원을 쏟아 붓는 이유이다.

공격 노출면

경제적 관점에서 봤을 때, 경제 전체가 사이버 위협의 공격 노출면에 해당한다. 금융기관은 특별히 공격당하기 딱 좋다. 다행히 현재까지는 사이버 공격을 방어하는 데 암호화와 사이버 보안이 최상의 효과를 발휘하고 있다.

그러나 양자를 이용한 사이버 공격이 시작되면, 공격력이 기하급수적으로 커져서 많은 물리적 피해를 야기할 것이다. 공격에 노출되는 상당 부분이 전멸될 수 있다.

실패를 비껴갈 수 없을지도 모른다

기업들, 특히 금융기관은 신속하게 양자 암호를 받아들여야 한다. 그래야만 양자를 이용한 사이버 공격으로부터 고객을 지킬 수 있다. 당장 양자 암호로 전환을 준비해야 하고 양자 암호에 변화가 생기기 전에 도입을 서둘러야 한다. 만에 하나라도 늦어진다면 그 결과는 비극을 몰고 온다.

'뉴욕 타임즈' 과학 저술가는 양자 컴퓨팅과 일반 컴퓨팅의 차이는 마치 원자력과 불의 차이와 같다고 했다. 핵이 가지는 힘에 양자 컴퓨팅이 비유될 때, 그 위험이 좀 더 확실하게 다가온다.

정말이지 위험성이 이보다 더 높을 수는 없다.

책임자들의 역할

2019년 초, 나는 뉴욕에서 금융기관에 소속된 최고정보책임자Chief Information Officers(CIOs)들이 모인 자리에서 연설했다. 그리고 이 책에서 다룬 주제를 함께 논했다. 놀랍게도 그들은 내가 나눈 정보를 듣고 상당히 낙담했다. 자리에서 일어날 때는 최고정보책임자들과 보안책임자들Chief Information Security Officers(CISOs)이 금융의 미래에 얼마나 중요한 사람들인지 그 중요성을 인정해야만 했다.

결국 몇 사람이 미소를 지었다. 왜냐하면 그들의 책임이 막중하다는 것은 사실이기 때문이다.

앞으로 금융 회사는 거래담당자, 분석가, 자산 운용사를 두지 못하게 될지도 모른다. 반면에 금융이 점점 디지털화됨에 따라 최고정보책임자와 보안책임자의 중요성은 더욱 커진다. 그들은 미래의 고용 안정 부분에서 가장 높은 수준의 전문가일 가능성이 높다. 코로나19 이후에는 더 그럴 것이다!

◆ 미래 금융 위기 대처법

위험에 노출되었을 땐 거둬들이는 수익보다 잘 지키는 게 낫다. 미래에 있어 사이버 보안 문제는 매우 중요하다. 양지 암호로 전환을 준비하고 도입을 서둘러야 한다. 만에 하나라도 늦어진다면 비극의 먹구름이 몰려올 것이다.

CHAPTER 13

로보어드바이저

로보어드바이징Robo-advising이란 로봇과 투자전문가의 합성어로 소매 투자자가 투자할 때 이용하는 자동화된 거래 프로그램이다. 기술, 알고리즘, 블랙박스의 특징이 더해져 만들어졌다.

'로보Robo'가 고도화된 알고리즘과 빅데이터로 거래를 관리하는데 직접 사람을 마주하고 상담하지 않고도 온라인 환경에서 자산 배분 전략을 짜주는 개인 맞춤형 서비스를 제공하는 수동적 자산관리 형태이다.

그러나 이들이 정보력이 약한 소매 투자자에게 노출되는 것은 문제가 된다. 특히 2020년처럼 금융 시장이 매우 출렁거리는 상황에서는 더욱 그렇다.

수년 전, 나는 동료와 함께 로보어드바이저 서비스를 제공하는 금융사에 전화를 했다. 영업 담당자는 우리에게 자신들 플랫폼을 이용해달라고 권하기는 했으나 그는 '그들의 특별한 로보어드바이저'가 어떻게 작동하는지 명쾌하게 설명하지 못했다. 금융사의 전략을 물었을 때, 롱펀드long fund와 롱숏펀드long-short fund의 차이도 알지 못했다. 목표 펀드goal fund와 금 펀드gold fund의 개념을 마구 섞어서 설명하기도 했다. 그저 좋다는 말뿐이었다.

2017년 말 나는 금융산업감독기구Financial Industry Regulatory Authority(FINRA) 직원과 만났다. 그는 그해 미국 주식이 지속적인 상승세를 보임에도 불구하고, 로보어드바이저에 대한 불만과 소송이 증가하고 있다고 했다. 여기서 한 가지 의문점이 생겼다. 그렇다면 코로나19 경기 침체 이후 이것과 관련해서 어떤 일이 벌어질까?

2007년부터 2009년까지 경제 위기에 금융기관은 대중의 신뢰를 잃었다. 금융 플래너 또는 어드바이저는 전문가이지만 추락하는 경제 상황에서는 신탁 의무를 효과적으로 수행하기 어렵다. 금융 지식도 부족하고 이론이 시장에 그대로 적용되지 않는다. 금융기관은 자구책을 마련했는데 최첨단 기술로 전문 영역을 대체하는 것이었다. 여기서 문제는 기술을 너무 많이 믿었다는 것이다.

앞으로 길게 내다보았을 때, 더 많은 사람과 금융기관이 디지털 시장에 접근한다. 편리와 편의를 갖춘 접근성으로 그 영역은 무궁무진하게 확대된다. 그러나 명심하자. 디지털이 우리에게 제공하는 것은 데이터를 이용한 통계치다. 오래 공부해 지식과 경험을 쌓은 금융 전문가가 시장 흐름의 예측에서 오류를 내듯 디지털이 제공하는 통계치는 데이터 밖의 상황을 읽어내지 못한다.

개인은 자신이 내린 결정에 책임져야 한다. 투자의 결과도 자신이 감당해야 할 몫이다. 아무리 첨단 기술이라도 어떤 가이드 없이 모두 맡기면 스스로 위험 상황으로 걸어 들어가는 격이다.

미래 금융이 로보어드바이징으로 인해 눈물 흘리면 안 된다. 어떤 경기 침체가 와도, '부fortune'는 만들어지기도 하고 사라지기도 한다.

코로나19로 인한 경제 폐쇄와 불황에 힘입어 로보어드바이징이 부상하고 있다. 이 프로그램을 신뢰해도 되냐고 묻는다면 이렇게 대답하고 싶다.

"앞으로 상당한 규모의 집단 소송이 예견된다!"

코로나19 경기 침체는 우리가 오랫동안 알고 있던 사실을 증명하고 있다. 모든 펀드와 모든 어드바이저 역량이 똑같지 않다는 것이다. 그래서 투자자는 그나마 객관적 자료를 제시하는 로보어드바이저를 선호한다. 그로 인해 이런 경기 침체와 치열한 경쟁에서는 그들이 승기를 잡는다. 그들은 엄청난 자료를 바탕으로 냉정하고 객관적이며 확률까지 계산해 제시하기 때문이다.

◆ 미래 금융 위기 대처법

고도화된 알고리즘과 빅데이터로 거래를 관리하며 온라인 환경에서 자산배분 전략을 짜주는 개인 맞춤형 서비스를 제공하는 수동적 자산관리가 미래 금융의 대세가 될 전망이다. 하지만 로보어드바이저는 신이 아니다. 투자의 결과는 자신의 몫이다.

CHAPTER 14

불안한 AI

세상에는 로보칼립스Robocalypse('로봇'과 종말을 뜻하는 라틴어 '아포칼립스Apocalypse'의 합성어로 로봇으로 인한 종말을 뜻한다)가 될 무언가를 기대하는 시장 관찰자가 상당히 많다. 이런 예언을 들으면 음울하다. 컴퓨터가 미친 듯이 작동하여 전 세계와 모든 사람을 파멸의 길로 이끌 것이라고 한다.

가정이지만 누구나 한 번쯤 해봤고 예측 가능하다는 것 또한 어김없는 사실이다. 영화 '터미네이터'가 나올 수 있었던 근거이다. 물론 몇 가지 우려할 점들이 없는 건 아니지만 이런 주장은 편파적이고 극단적이다.

안타까운 일이지만 몇 년 전 마이크로소프트의 비참한 실패만 봐도 알 수 있다. 그들은 트위터에 AI(인공지능) 펫 프로젝트인 '타이Tay'를 세상에 선보였다. 그런데 하루도 채 되지 않아 타이는 나쁜 것들을 배웠다. 인종차별주의, 극단적인 반유대주의, 걸러지지 않은 날것의 신랄한 증오 같은 것들이다. 당연히 그 프로젝트는 빠르게 중단되었다. 그 당시 나는 이런 AI 프로젝트를 공공연하게 다시 공개하기까지는 한동안 시간이 걸릴 것이라고 말했다. 역시나 마이크로소프트 이후로 이런 종류의 프로젝트는 볼 수 없었다.

컴퓨터가 미친 듯이 작동하면 위험에 빠진다. 걷잡을 수 없는 심각한 문제를 일으킨다. 이로 인해 컴퓨터 관리의 필요성이 중요하게 강조되고 있다. 독립적으로 기능하는 컴퓨터 프로그램이라도 철저한 관리 감독이 필요하다.

컴퓨터 프로그램이 인류를 잔인하게 죽이거나 디지털 나치Nazi가 된다는 전망은 금융계에서 우려하지 않는다. 단지 기술적인 거래, 알고리즘 거래가 이루어지는 플랫폼에 감시가 필요하다고 인식할 뿐이다.

더 나아가 법적인 관점에서 보면 금융에서 AI 사용은 상당히 규제된 환경에서 이루어져야 한다. 여기서 규제받는 환경이란 불법적인 행위로 생성된 데이터와 시스템 안에 축적된 편견이 영구적이지 않음을 보여 주는 환경을 말한다.

AI 프로그램이 개인 주택담보대출을 계산한다고 상상해보자. 특정경계지역 지정Redlining(은행·보험 회사가 특정한 지역에 대한 대출·보험 등의 금융 서비스를 거부하는 행위-옮긴이)과 제도적 인종차별Institutional Racism(현존의 소수집단을 배제하거나 그들을 불리한 위치에 처하게 하는 커다란 조직의 무의식적인 관행-옮긴이)에서 제공한 데이터를 바탕으로 대출을 계산한다.

금융기관은 그 시대가 반영된 데이터를 사용해 불합리하고 편파적인 정책을 영구화시킬 것이다. '더티 데이터Dirty Data(정제되지 않은 데이터, 또는 잘못 입력된 데이터 – 옮긴이)가 AI의 기계 학습과 예측 분석을 제공해준 모형을 왜곡시킬 수도 있다. 이러한 기계 학습과 예측 분석은 금융 회사가 만든 AI의 기초가 된다. 누구도 의도적으로 특정경계지역 지정이나 인종차별적 정책을 지지하지 않았더라도 AI 컴퓨터가 프로그램에 입력된 데이터를 바탕으로 정책을 강화했을 수 있다. 그 결과 그 기관은 민권 소송에 휘말리게 된다.

AI가 내린 결정을 둘러싼 소송은 앞으로 몇 년, 아니 몇10년 안에 반드시 일어나게 되어 있다. 이는 금융기관들에 큰 위협을 가할 것이다.

AI 관련 소송은 금융기관뿐만 아니라 AI 프로그램을 사용하는 다른 조직에서도 일어난다. 이런 소송은 운영과 관리 영역에 광범위하게 영향을 끼친다. 대출 결정과 사업 관행부터 공급업체 선정과 인적 자원에 이르기까지 그 범위도 매우 넓다, 이를 우려한 유럽연합은 대출 및 금융과 관련한 AI의 결정 문제를 효과적으로 제한하고 예방하는 조치를 가하고 있다.

금융의 미래는 발전된 자동화 시스템이 활성화될지라도 또 다른 위험성을 가진다. 이를 방지하기 위해 비용 편익 분석Cost-Benefit Analysis(투자안이나 정책 등의 의사결정을 할 때 비용과 편익을 따져 여러 대안들 중 최적의 대안을 선정하는 기법–옮긴이)을 해야 한다. AI 프로그램은 비용 절약을 돕지만 법적으로 위험한 양날의 검이다. 소송비용으로 많은 돈이 나간다면 무슨 의미가 있겠는가? 그런 점에서 비용 절감이 위험을 감당하기에 충분한 가치가 있는지 검토해볼 필요가 있다.

◆ 미래 금융 위기 대처법

인공지능이라는 양날의 검 위에 서지 마라. 당신의 안전은 보장받지 못한다. 발전된 금융 자동화 시스템은 절대 당신 편이 아니다. 투자안이나 정책 등의 의사결정을 할 때 비용과 편익을 따져 여러 대안 중 최적의 대안을 선정해 줄 뿐이다.

금융 회사도 회사이다.

적은 비용으로 최대의 수익을 올리려 한다.

거래는 반기지만 책임은 피한다.

금융 회사가 추천한 투자라도 언제나 신중히 결정해야 한다.

제 3 부

장기적 위험

THE FUTURE OF FINANCE AFTER COVID

THE FUTURE OF FINANCE AFTER COVID

'장기적 위험'에 관한 내용을 다룬다. 미국의 부채와 재정 지원에 대한 조사, 현대 통화 이론과 중앙은행의 대차대조표 확대 및 미래 경제에 영향을 주는 양자 상태를 주제로 담는다. 금융 시장에서 가장 심각한 문제를 다루는 것이다. 또한 UBI의 증가를 논의한다. 이와 관련하여 코로나19 팬데믹, 경제 폐쇄, 불황기에 경기 부양책의 결과로 지급된 돈을 받고 또다시 공짜 돈을 달라고 아우성인 상황에 대해서도 논한다.

CHAPTER 15

부채 그리고 재정 지원

코로나19 팬데믹, 경제 폐쇄, 불황의 여파로 세계 경제는 통화와 재정 정책이 간신히 부양되고 있다. 통화 정책은 금리 인하를 결정하는 중앙은행에 의해 정해진다. 반면 재정 정책은 기록적인 수준으로 부채를 증가시키는 정부에 의해 추진된다.

국채

계속 증가하고 있는 미연방 정부의 부채는 문제 상황이다. 코로나19 영향은 이 상황을 훨씬 악화시켰다. 2020년 1분기 말 미국 재무부가 공식적으로 발표한 연방 정부 부채 수치는 23조 2000억 달러였다.

2020년 8월 1일까지 20주 동안 실업자가 된 5,530만 명에게 지급한 추가 실업급여와 경기 부양책은 지난 분기에만 수조 달러의 국채를 증가시켰다. 예상컨대, 2020년 2분기 국채는 26조 5000억 달러에서 27조 달러 사이에서 마무리될 것 같다. 한 마디로 빚이 너무 많다!

[도표 15-1]을 보자. 최근 몇 년간 미국 국채의 증가 속도는 매우 빨라지고 있다. 처음 1조 달러를 초과하는데 205년이 걸렸다. 1조 달러를 초과한 시점은 1981년 10월이다. 그 후 1986년 4월 국가 부채가 2조 달러 되는데 5년도 채 걸리지 않았다.[1]

다시 말해 1조 달러를 넘기까지 205년이 걸렸던 부채가 2020년 2분기에는 매달 그만큼의 부채가 늘어났다. 어디 그뿐인가. 역사상 최악의 노동 조건과 경제를 되살리기 위해 훨씬 더 많은 부채가 발생할 가능성이 더 크다.

정부 부채가 그리는 그래프 곡선만큼 뚜렷하지는 않지만, 경제 불황이 시작된 후 미국의 GDP 대비 부채 비율 역시 [도표 15-2]에서 보는 것처럼 급격히 증가했다. 이렇게 국가 부채가 높으면 부정적인 결과를 낳는다. 미래 경제 성장이 발목 잡혀 앞으로 나아가지 못하는 것이다. 게다가 부채의 익스포저Exposure(신용

[도표 15-1] 미 정부의 부채[2]

2020년 1분기 23조 2000억 달러를 넘은
미 연방 정부의 부채 및 상승 가능성

출처: 미국 재무부, 프레스티지 이코노믹스, LLC

사건 발생 시 특정 기업 또는 국가가 거래 상대방으로부터 받기로 약속된 대출 및 투자 금액뿐만 아니라 파생상품 등 연관된 모든 거래에서 발생할 수 있는 손실 금액-옮긴이)는 정부 부채에서 파생된 복리 이자로 인해 더 악화된다.

일부 분석가는 GDP(국내총생산) 대비 미국의 부채 비율이 다른 나라에 비해서 낮다고 한다. 하지만 미국 경제는 세계에서 가장 큰 규모라는 사실도 주목해야 한다. 미국의 부채 수준이 높아

[도표 15-2] GDP 대비 미국 총 국가 부채 비율[3]

2020년 1분기 107.8%에 달하는
미 연방 정부 GDP 대비 부채 비율 및 상승 가능성

출처: St. Louis 연방준비은행, OMB, 프레스티지 이코노믹스, LLC

지면 시간이 지날수록 세계 경제는 미국 국채 발행을 감당하기 어려운 지경에 이를 수 있다.

물론 미국만 위기에 놓인 것은 아니다. 2020년 6월 발표된 IMF 자료에 따르면 세계 경제가 팬데믹과 불황에 살아남기 위해 부채를 늘리고 있다. 선진국들과 신흥 경제 시장은 모두 제2차 세계대전 이후 부채 수준이 GDP 대비 가장 높거나 아니면 그 이상

[도표 15-3] GDP 대비 전 세계 부채[5]

IMF는 세계 공적 부채가 제2차 세계대전 이후
최고점을 기록할 것이라고 보고했다

부채의 신기록

세계 공적 부채는 제2차 세계대전 이후 최고점을 넘어설 것으로 예상된다

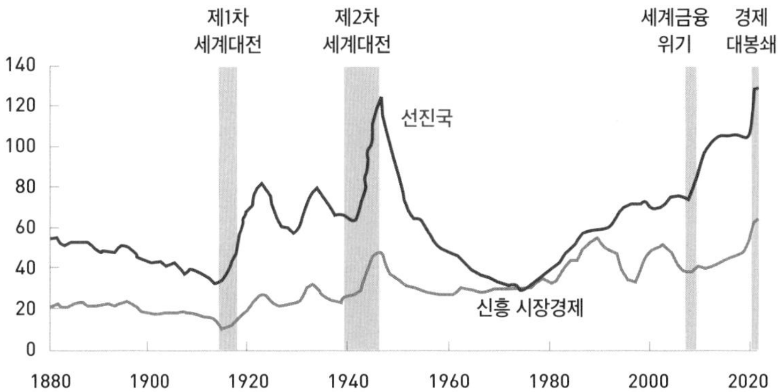

출처: IMF 세계전망보고서, 프레스티지 이코노믹스, LLC

이다.[4] 문제는 이런 GDP 대비 부채 비율이 [도표 15-3]에 언급한 바와 같이 증가할 조짐을 보인다는 점이다.

안타깝지만 최악의 소식은 따로 있다. 세계 경제가 회복하기까지 얼마나 더 많은 빚을 질지 모른다는 것이다. 정부가 국민에게 주는 재정 지원도 이제는 감당할 수 없는 문제가 되어버렸다.

[도표 15-4] 은퇴자들의 사회보장제도 의존도[7]

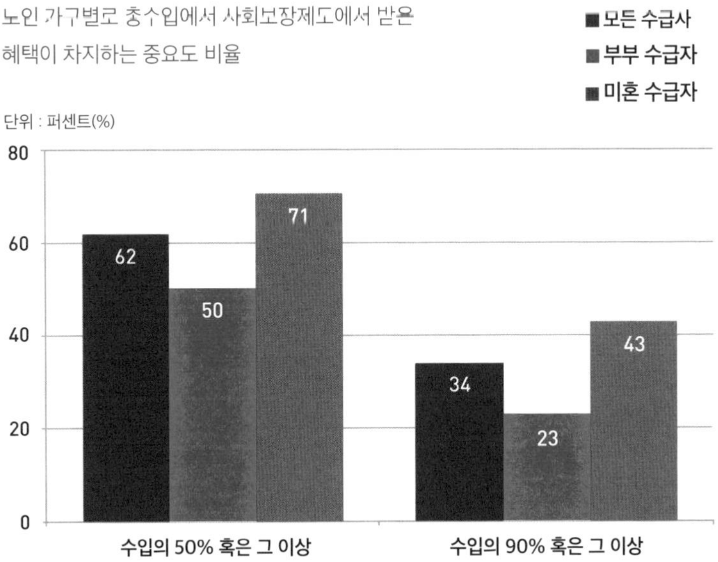

참고사항: 모든 수급자라 함은 현재 같이 거주하는 부부나 결혼하지 않은 사람을 일컬으며 법적으로 부부지만 떨어져 사는 부부나 함께 살지 않는 부부도 모두 포함된다.

출처: SSA, 프레스티지 이코노믹스, LLC

몇 년 전, 노인의료보험제도medicare, 저소득층의료보장제도medicaid, 사회보장제도social security에 사용된 단기 공채(상환 기간이 1년 이내인 공채-옮긴이)만 200조 6000억 달러로 추산된다고 했다.[6] 미국의 재정 지원은 수년간 자금 부족을 겪어 왔다. 이제는 재정 지원으로 나가는 비용을 미국 정부가 운영하는 자금에서

[도표 15-5] 사회보장 보상을 받는 퇴직자의 증가[9]

베이비붐 세대의 집단은퇴에 따라 증가한 사회보장 혜택을 받는 은퇴한 수급자
퇴직 근로자와 장애인 근로자에게 제공되는 새로운 보상 건수

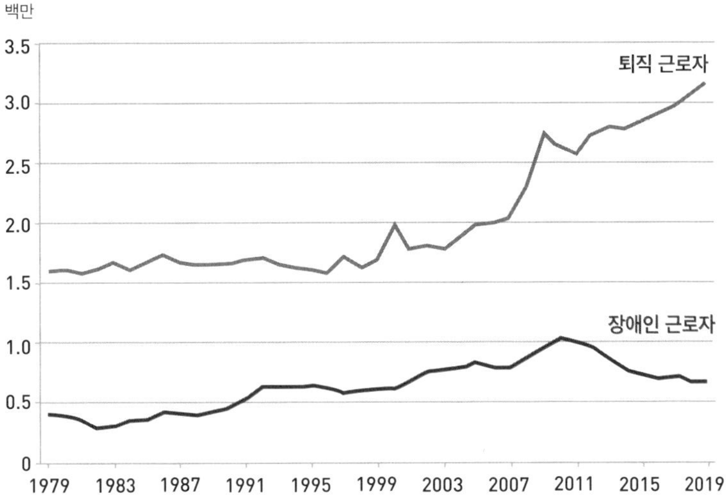

출처: SSA, 프레스티지 이코노믹스, LLC

부분적으로 끌어오고 있다.

많은 미국인은 사회보장제도에 의존해 살아간다. 2015년 기준 은퇴자의 34%는 그들 수입의 90% 이상을 사회보장으로 해결했다. [도표 15-4]에서 보듯이 은퇴자뿐만 아니라 사회보장제도로부터 돈을 받는 수급자의 다수가 사회보장에 의존한다.

인구 통계적으로 베이비붐 세대가 집단으로 은퇴하는 시점인 것도 문제를 부추긴다. [도표 15-5]에서는 은퇴한 근로자가 급격히 늘면서 새롭게 지급되는 사회보장 혜택의 수 또한 매우 급격히 증가한 것을 확인할 수 있다. 퇴직근로자에게 지급되는 사회보장 혜택은 지난 25년 동안 두 배가 되었다. 2019년에는 300만 이상의 사회보장 혜택이 퇴직근로자들에게 제공되었다.

인구의 고령화는 사회보장제도와 재정 지원시스템의 지속에 매우 큰 위험 요소이다. 사회보장국Social Security Administration이 2020년 7월 발행한 보고서에 따르면 이대로 가다간 머지않아 파산에 이른다고 발표하였다.[8]

[도표 15-6]은 정부의 지불 능력 한계 시점이 2035년이라고 예상한다. 정부의 파산과 관련하여 사회보장국이 장황하게 설명해놓은 리포트를 보자.

> 사회보장은 현행 지급액 및 세율로 봤을 때 장기적인 지속이 어렵다. 2010년, 사회보장 프로그램은 세금과 비이자non-interest 수입으로 모은 금액보다 더 많은 지급액과 비용이 필요하다. 2020년 OASDI 신탁위원회 연차 보고서Trustees Report에서는 앞으로 75

[도표 15-6] 사회보장제도의 파산[11]

2035년을 파산 시점으로 예측하는 사회보장국
사회보장 수입에서 과세 급여 총액의 %를 비용으로 환산하여 뺀 값

단위 : 퍼센트(%)

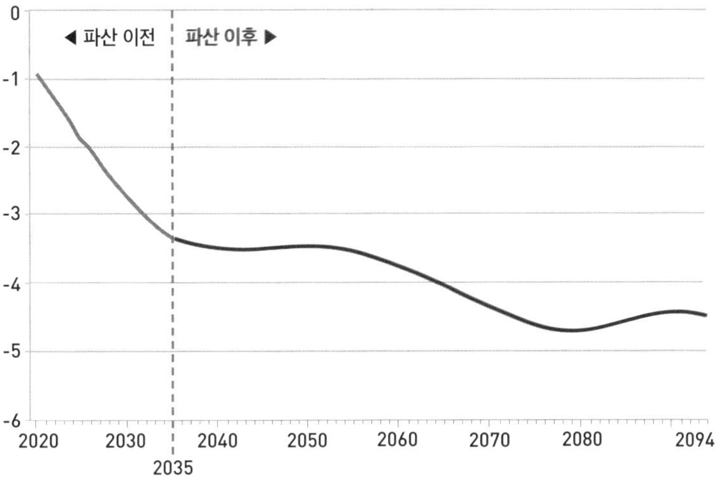

출처: 2020년 고령 및 유족 보험, 장애 보험 신탁기금에 대한 신탁위원회 연례보고서, 표 IV.B1
SSA, 프레스티지 이코노믹스, LLC

년 동안 이러한 패턴이 지속된다고 말한다. 신탁위원회는 OASIOld Age and Survivors Insurance(노령자 및 유족 보험-옮긴이)와 DI(장애 연금-옮긴이)의 신탁 기금 적립금 합산액도 2035년이면 대폭 감소될 것이라고 추정한다. 이 시점에서 급여세와 다른 소득이 기금으로 유입되지만, 사회보장 프로그램 비용의 79%만 충족된다.

2020년 리포트에서 보고된 바와 같이, 향후 75년 동안 예상되는 부족분은 과세 급여 총액의 3.21%에 해당한다.[10]

이것은 상당히 심각한 경고이다. 이유는 간단히 정리된다. 두 가지 큰 이유 때문에 상황이 더 나빠질 수 있다. 훨씬 더 많은 돈이 나가지만, 예상보다 훨씬 더 적은 돈이 들어오기 때문이다.

첫째, 은퇴자가 증가함에 따라 사회보장비용, 노인의료보험제도, 저소득층의료보장제도의 비용이 증가한다. 은퇴한 노년층에게 부정적인 영향을 주고 있는 코로나19 팬데믹 같은 현 상황이 이를 더욱 부추긴다. 그로 인해 이 비용이 급격히 증가하며 앞으로 훨씬 상승할 것이다.

둘째, 계속 늘어나는 부채에 대한 이자, 하늘을 찌르는 실업률과 늘어난 사회보장 비용과 지원은 정부 재정의 1/2 정도이다. 그렇다면 생각보다 심각해보이지 않는 재정 상황을 왜 우려하는 것일까? 들어오는 돈 즉 '수입'에 문제가 생기기 때문이다.

당분간 재정 지원 자금 조달은 원활하지 않을 가능성이 크다. 높은 실업률로 인해 소득세를 내는 사람이 줄었다. 재정 지원은 소득세의 수익으로부터 충당이 되기에 적은 세금은 부족한 재정 지원에 더하여 자금 상황을 악화시키는데 특히 경제를 살리기 위해 세금을 감면해준다면 더 부족해진다.

두 가지 방법

혹자는 모든 나라가 부채의 짐을 지고 있기에 환율이 안정적이라는 사실로 위안을 삼는다. 그러나 급속도로 증가하는 부채 상황과 세계 경제 성장은 상당히 불투명하다.

이런 상황은 헤밍웨이의 소설《해는 또 다시 떠오른다The Sun Also Rises》속 토론 장면을 떠오르게 한다.

"어떻게 파산하셨어요?"

"두 가지 방법이 있었네요. 천천히…, 그러다 갑자기!"

앞서 말했지만, 미국 부채 수준이 1조 달러에 도달하는데 205년이 걸렸다. 최근 2020년 2/4분기에는 매달 약 1조 달러씩 증가했다. 그만큼 미국 부채가 불이행될 위험이 커지고 있다는 것은 이제 누구나 예상가능하다. 한 발 나아가 생각해보면 앞으로 중앙은행이 상당히 많은 정부 부채를 매입할 것임을 의미하기도 한다.

주 정부의 문제

부채와 관련하여 마지막으로 생각해야 할 부분은 주 정부의 부채State Debt이다. 주 정부 부채는 연방 정부 부채보다 더 큰 위험에 처해 있다. 그 결과, 국가 부채 외에 주 정부가 가진 부채는 훨씬 더 센 쓰나미를 몰고 올 것이다.

연방 정부는 부채의 위험에 대비해 두 가지 대인을 살펴볼 수 있다. 더 많은 돈을 찍어내는 것과 중앙은행에 모든 부채를 사들이도록 지시하는 것이다. 그런데 시티city, 카운티county, 주state에서는 선택할 대안 자체가 없다.

중앙은행이 지방채Municipal Debt를 매입해줄 순 있다. 주 정부가 발행한 지방채는 연방 정부와 중앙은행의 손에 달려 있다. 수입, 매출, 법인세에서 나와야 할 수익이 언제든 부족할 수 있는 상황에서 부채까지 더해져 주 정부는 부담이 가중된다. 게다가 실업률까지 높은 수준을 보인다면 주 정부의 지출도 더 높아질 수밖에 없다. 더 우려되는 점은, 높은 실업률과 함께 무시무시한 부동산 위기가 닥친다는 점이다. 재산세를 담아두는 정부의 금고를 축내면서까지 말이다. 이 모든 일이 주 정부에게 악재이다.

인구 통계

미국의 인구 증가는 급격하게 둔화되고 있다. 설상가상 출생률은 떨어지는데 수명은 길어졌다. 이 두 요소는 재정을 악화시키는 요인이다. 문제가 이러한데 2020년 대통령 선거와 미래의 어떤 선거 현장 속에서도 인구 통계에 대한 논의가 이루어질 가능성은 희박하다.

미국의 인구 증가는 1950년대와 1960년대 초 연간 1.5% 이상의 증가율을 보였다. 2011년 이후엔 0.7%로 떨어졌다.[12] 인구 증가율의 감소는 낮은 출산율에서 비롯된다. 인구 통계학자 조나단 라스트Jonathan Last에 따르면 전 세계 출생률이 떨어지고 있는 상황에서 미국의 출생률은 1.93으로 상대적으로 높은 편이라 한다.[13] 그러나 미국의 전체 출산율이 상대적으로 높더라도, 인구를 유지하는데 필요한 '골든 넘버' 2.1%와 비교한다면 낮은 수준이다.

인구 감소는 재정 지원을 유지하는데 문제를 야기한다. 재정 지원 시스템은 1940년대까지 잘 돌아갔다. 비율로 따지면 [도표 15-7]에서 보는 것처럼 수급자 1명 뒤에 159.4명의 근로자가 있었다. 그러나 2013년에는 2.8명으로 그 수가 대폭 감소하여 상황은 매우 심각해졌다. 이대로 간다면 2040년에는 수급자 1인을 감당하는 근로자 수는 2명까지 떨어진다.[15]

[도표 15-7] 사회보장 수급자 대비 근로자 비율[17]

연도	감당하기 위해 필요한 근로자 수 (단위: 천명)	수급자 수 (단위: 천명)	비율
1940	35,390	222	159.4
1945	46,390	1,106	41.9
1950	48,280	2,930	16.5
1955	65,200	7,563	8.6
1960	72,530	14,262	5.1
1965	80,680	20,157	4.0
1970	93,090	25,186	3.7
1975	100,200	31,123	3.2
1980	133,656	35,118	3.2
1990	120,565	36,650	3.3
1995	133,672	39,470	3.4
1950	141,446	43,170	3.3
2000	155,295	45,166	3.4
2005	159,081	48,133	3.3
2010	156,725	53,398	2.9
2013	163,221	57,471	2.8

모든 것이 괜찮을지도 모른다. 과거 미국의 인구 증가처럼 극단적으로 왕성해진다면 문제될 것이 없다. 그러나 알다시피 현재 행정부는 불법 이민을 줄이기 위해 갖은 노력을 다하고 있다. 이것이 사회와 경제의 어떤 면에서는 이익을 줄 수 있다. 하지만 인구 증가 속도를 줄이고, 미국 평균 출산율마저 낮추는 결과로 이어진다는 사실도 간과해서는 안 된다.

당장 눈앞의 현실만 봐도 안다. 피터 코이Peter Coy가 2020년 7월 블룸버그 기사에서 "코로나19 팬데믹과 불황으로 출생률 감소 조짐이 커지고 있다."[16]라고 언급했다.

가치를 잃은 채권이 발생시킬 위험은 상당하다. 채권을 쥐고 있는 투자자는 투자 가치가 떨어지는 모습을 앉아서 보게 된다. 지방채를 가지고 있는 사람들에게 그 위험은 더 크게 다가온다.

연방 정부가 채무를 불이행하는 모습을 보게 될 수도 있다. 불만과 갈등을 잠재우기 위해 노골적으로 채무를 불이행한다기보다 다른 방법을 취할 가능성이 있다. 돈을 찍어내 중앙은행에 채권을 매입하게 하는 것이다. 이는 채권 가치를 평가 절하시켜 인플레이션이 올 수도 있음을 의미한다.

돈의 가치가 하락하게 되므로 지불해야 할 돈이 줄어든다. 더 나아가 올라가는 부채 수준을 고려했을 때 미래에는 마이너스 금리가 되지 않으리라는 보장이 없다. 이 같은 움직임은 상대적으로 고정금리 채권의 상품 가치를 향상시킬 수 있다. 그러나 채권 투자에 플러스 수익을 제공할 정도는 아니다. 이자율이 마이너스가 되면 오히려 그 반대가 된다.

연방 정부의 부채가 증가하면, 경제 위기 동안 국민을 부양하는 정부의 능력은 줄어든다. 근로자로부터 나오는 보편적인 수입에 희망을 거는 것은 매우 어리석다. 사람들에게 근로 장려를 위한 지원은커녕 재정 지원과 부채에 대한 이자를 국민에게 부담시키는 꼴이다.

정부의 재정 지출에 대해서는 두 가지 길이 있다. 이자율이 마이너스로 떨어져 다른 주 정부가 부채 이자를 덜거나, 아니면 인플레이션이 걷잡을 수 없이 상승하여 발행한 채권 가치를 떨어뜨리는 것이다. 개인적 견해로는 현재 미국 경제 상황을 놓고 봤을 때 수요 측면이 약한 추세이기 때문에 소비자 인플레이션보다 마이너스 금리가 발생되는 것에 좀 더 가능성이 있다. 특히 유로존Eurozone에서 마이너스 금리를 시행하고 있기 때문에 더욱 그렇다고 볼 수 있다.

◆ 미래 금융 위기 대처법

재정 지원은 부채 비율을 올리는 지름길이다. 공짜로 주는 돈이라고 마냥 좋아할 일이 아니다. 국채, 주 정부 부채의 증가, 낮은 출산율에 따른 인구 감소 등 첩첩이 쌓인 문제를 어떻게 감당할 것인가. 이에 대한 고민이 선행되어야 한다.

CHAPTER 16

중앙은행의 대차대조표

예부터 중앙은행은 일상 업무를 용이하게 해주는 대차대조표 balance sheet(자산과 이를 구입하기 위해 투입한 자본 및 부채를 좌우로 나눠 표로 정리한 것-옮긴이)를 갖고 있다. 이를 가지고 사업과 고정투자Fixed Investment를 약화시키기 위해 이자율을 올리기도 하고 어느 땐 사업과 고정투자를 권장하기 위해 이자율을 낮추기도 한다. 예금 금리, 초과지급준비금Excess Reserve의 금리, 미국 연방 기금 금리를 통해 경제 성장을 도모한다..

그런데 이들이 금융 시장으로 유입되지 않는다. 또한 이자율에 영향을 미치기 위한 방법으로서, 혹은 경제가 허물어지지 않도록 보호하기 위해서 자산을 매입해주는 경우도 없었다.

하지만 어느 날, 글로벌 경제 위기가 일어났다. 미국 부동산 거품이 금융 시스템까지 흘러들었고 위기를 초래했다. 금리를 제로까지 떨어뜨린 후, 부동산을 되살릴 유일한 방법은 중앙은행이 주택담보대출mortgage을 책임지는 것이었다. 동시에 중앙은행이 정부 국채를 매입하는 것은 이자율을 약화시키는 확실한 방법처럼 보였다. 위험을 감수하면서까지 투자해 치명적 위험에 처한 회사를 살리자는 의도였다.

효과는 있었다. 연준Fed, 유럽중앙은행ECB, 일본은행Bank of Japan가 대차대조표를 확대(중앙은행의 유동성 공급-옮긴이)했다. 그들의 논리는 이것이다. 애초에 존재하지 않았던 돈으로 단기 자산을 매입하면 문제가 되지 않는다는 것이다. 허상의 돈을 만들어 내 대차대조표를 늘려 단시간 내에 만기가 도래하는 여러 자산, 예를 들면 주택담보대출, 채권, 다른 부채 자산을 매입한다. 이 자산들은 만기가 되었을 때 대차대조표에서 삭제될 수 있다. 그렇게 되면 확대된 대차대조표가 다시 돌아올 수 있으며, 애초에 없던 돈은 그대로 사라지게 된다는 이론이다.

[도표 16-1]에서 보면 경제 위기 전 연준의 대차대조표는 9,000억 달러 이하였다. 그리고 2014년 12월엔 4조 5,000억 달러

[도표16-1] 코로나19 팬데믹 동안 급격히 확대된 연준의 대차대조표[1]

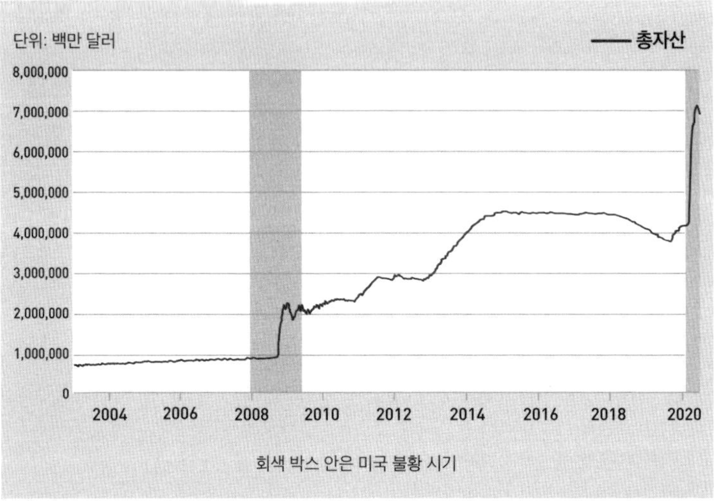

출처: Fed, FRED, 프레스티지 이코노믹스, LLC

가 되었다. 이처럼 대차대조표를 확대했다.

유럽중앙은행도 [도표 16-2]에서 보는 것처럼 2012년 중반까지 대차대조표를 1조 5000억 유로 이상으로 확대시켰다.

그 후 금융 정책에 보수적인 유럽중앙은행은 2012년 중반부터 2014년 말 사이에 확대했던 대차대조표를 약 1조 유로로 축소하기 위해 용감하게 노력했다. 그러나 비참한 실패를 맛보았다. 대

[도표 16-2] 코로나19 팬데믹 동안 급격히 확대된 유럽중앙은행의 대차대조표[2]

출처: ECB, FRED, 프레스티지 이코노믹스, LLC

차대조표는 축소되었지만 유로존은 불황으로 내몰렸다. 연준도 2018년과 2019년 동안 대차대조표 축소를 시도했다. 그 계획 역시 실패했다. 실제로 연준의 대차대조표 축소는 2019년 미국에서 '사업'과 '고정 투자'에 대한 경기 침체를 유발했다.

확대된 대차대조표를 줄이는 두 번의 시도가 실패하면서 발생한 애프터쇼크aftershock(위기 이후에 찾아오는 또 다른 충격 – 옮긴이)

를 보면 대차대조표는 '확대'만 가능한 것처럼 보인다. 맞는 말이다. 이런 상황에서 대차대조표 축소는 어렵다. 그러므로 자산이 만기되면 그 자금은 금융 시장에 재투자되어야 한다. 그렇지 않으면 경제 성장은 급격히 둔화된다.

코로나19 팬데믹과 경기 불황에 대응하여, 중앙은행들은 대대적으로 대차대조표를 확대했다. 그들은 훨씬 더 광범위하게 자산을 매입했고 이들의 행동은 완전히 예측 가능하였다.

2016년 와이오밍주Wyoming 잭슨홀Jackson Hole에서 열린 캔자스시티Kansas City 연준 연례행사에서 당시 의장이었던 재닛 옐런Janet Yellen은 다음과 같이 언급했다.

"미래 지침forward guidance(금융정책의 방향을 미리 알리는 조치로 2008년 금융 위기 이후 미국과 영국 등의 중앙은행들이 시장 우려의 완화 목적으로 새로 도입한 통화 정책 수단-옮긴이)과 자산 매입은 연준 정책 수단의 중요한 구성요소가 될 것입니다. 미래의 정책 결정자들은 더 광범위한 자산 매입을 하고 싶어 할 수도 있습니다."[3]

이후 코로나19 팬데믹과 경기 불황에 대응하여 중앙은행은 대대적으로 대차대조표를 확대했다. 그들은 광범위하게 자산을 매

[도표 16-3] 0에 가깝게 떨어진 미국의 연방자금금리[4]

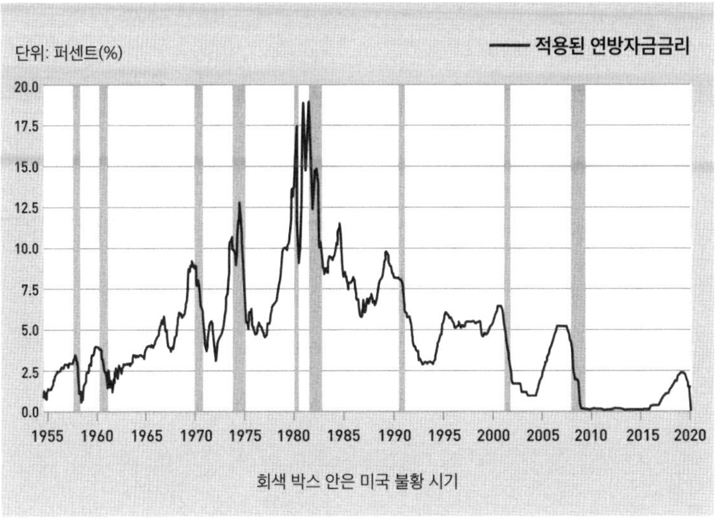

출처: Fed, FRED, 프레스티지 이코노믹스, LLC

입했다. 그 결과 우리는 지금 여기에 있다.

2020년 1월 1일 이후 불과 몇 달 만에 연준의 대차대조표는 2조 7000억 달러 이상 많다. 풍선처럼 부풀어진 연준의 대차대조표와 함께 미국 연방자금금리Federal Funds Rate(연방자금의 대출에 적용되는 금리로 미국에서 가장 대표적인 단기금리 중의 하나-옮긴이)는 [도표 16-3]에서 보는 바와 같이 0에 가깝다. 그러나 이는 미국 금리의 최저점이 아닐 수 있다.

지속적으로 높은 실업률이 부동산 위기를 낳는다. 늘어난 정부 지출과 수입 부족에 따라 마이너스 금리 이제 현실이 되어가고 있다.

유로존의 마이너스 금리 발생은 2014년부터였다. 그 당시 유럽중앙은행은 대차대조표 축소 정책을 철회했다.

대차대조표 확대를 정책 결정자들은 '양적완화quantitative easing(중앙은행에서 신규로 대량의 화폐를 공급하는 것 – 옮긴이)'라고 부르며, 경제학자들은 이를 현대적 화폐 이론, 즉 MMTModern Monetary Theory라고 부른다. 그러나 나는 이를 강연할 때마다 "말도 안 되는 환상적인 마법 동화를 논하는 것 같다."라고 말한다. 그래서 때때로 MMT를 마법의 화폐 이론Magical Monetary Theory이라 칭한다.

중앙은행에서 신규로 화폐를 대량 공급하는 양적완화가 지속가능성에 있어 좋은 신호는 아니다. 이런 역학 관계가 얼마나 오래 지속될 수 있는지 의문이 든다.

중앙은행 대차대조표와 암호화폐

중앙은행의 계속된 대차대조표 확대는 비트코인과 디지털 화폐 유통을 찬성하는 주장에 힘을 실어준다. 비트코인과 디지털

화폐 유통은 중앙은행을 거치지 않아도 되기 때문이다. 실제로 제네시스 블록Genesis Block이라고 불리는 첫 번째 비트코인 거래는 다음의 메시지를 포함했다.

"2009년 1월 3일, 더 타임스. 제2차 은행 구제 금융을 앞두고 있는 U.K 재무장관!"[5]

2007년과 2012년 영국은행The Bank of England은 다양한 구제 금융을 받았고, 대차대조표를 300%까지 확대했다. 연준, 일본중앙은행, 유럽중앙은행, 영국은행이 대차대조표를 확대시킴으로써, 이들이 어떤 영향을 줄지는 확실하지 않다. 분명한 것은 중앙은행이 '양적 완화'라는 항아리를 깨서 열었다는 점이다. 난데없이 자산을 매입할 능력이 생겼기 때문에 가지고 있지도 않은 돈을 더 쓸 것이다.

그러나 문제가 없을 수도 있다. 물론, 회계적인 관점에서 볼 때, 자산이 만기되어 대차대조표에서 떨어져 나갔을 때 그렇다는 얘기이다. 그러나 상당히 투입된 자본이 많은 자산을 가진 일본은행의 대차대조표의 경우에는 그렇지 않을 것이다.

금융의 미래에 있을 양적 완화에 대해 내가 자주 얘기하는 부분이 있다. 주기적으로 찾아오는 경기하강으로 중앙은행은 그들의 대차대조표를 계속 확대할 것이며, 이는 상당히 위험하다는 사실이다.

물론 중앙은행이 모두 대차대조표를 확대하면 환율에는 큰 영향을 미치지 않을 수 있다. 모두가 '양적 완화' 게임을 한다면 이 게임은 승자나 패자 없이 끝나게 될 것이다. 그러므로 그들은 할 수만 있다면 양적 완화 게임을 다시 하길 원하게 된다. 글로벌 경제 위기와 코로나19 불황의 여파로 그랬듯이 말이다.

미국의 '양자quantum' 경제

앞서 설명한 역학 관계는 양자 상태를 가진 경제를 미래에 불러올 수 있다. 양자 상태란 중앙은행이 모든 것을 가지고 있지만, 아무것도 가지고 있지 않은 상태를 일컫는다. 물리학에서 빛이 파동 상태이자 입자 상태로 중첩된 채 동시에 존재하는 현상을 빗댄 말이다.

미국 연준이 어디서 끌어왔는지도 모르는 돈으로 경기 침체 동안 더 많은 자산을 매입하면서 중앙은행의 대차대조표는 덩달아 커지고 있다. 이로써 주기적으로 찾아오는 경기 침체마다 '구매자'로서 중앙은행의 역할은 점점 중요해진다. 이미 미국 경제 전반에 너무 큰 부분을 차지하고 있다. 무너지면 안 되는 지자체나 회사를 살리기 위한 마지막 대안이다.

하지만 재정 지원과 이자로 인해 일시 차입한 미국 국가 부채가 올라가면서 이 또한 극도로 어려워질 수 있다. 앞으로 전개될 최악의 시나리오 중 하나는 중앙은행이 수십 년의 주기로 경제의 모든 것을 소유하는 것이다. 대차대조표로 부풀린 돈으로 중앙은행은 대차대조표에 있는 부채, 주택저당증권Mortgage Backed Securities(MBS), 국채, 주식, 실물 자산까지도 사들인다는 의미이다. 애초에 가지고 있지 않았던 돈으로 사는 것이다.

중앙은행이 아무것도 없이 모든 것을 가지면 우리 경제는 마치 '양자' 상태처럼 된다. 그로 인해 우리는 아주 큰 문제를 맞이한다. 완벽한 해법을 찾을 길이 없다. 일부 분석가들은 연준이나 유럽중앙은행 또는 일본은행의 대차대조표 범위에 제한을 두어야 하는 문제에 대해 의문을 제기해왔다. 그러나 이도 어려울 듯하다. 마이너스 금리의 문제가 생기기 때문이다. 가치가 떨어진 채권을 누가 사겠는가?

솔직히, 나는 이 부분에 대해 딱히 할 말이 없다. 다음에 무슨 일이 일어날지는 시간이 말해줄 것이다. 경제나 금융 세계에서 마법 같고, 드러나지 않는 환상적인 재무재표상 실체는 탄탄한 내구력을 자랑하거나 뛰어난 지속가능성을 보이지는 않는 것 같다. 그래서 거래자들은 이렇게 말한다.

"시장의 비이성적인 상황은 당신이 지불 능력이 가진 시간보다 더 오랫동안 이어질 수 있다."

연준 의장 파월Powell은 불확실한 정책 결정 상황을 두고 '네비게이션' 비유를 사용하여 한때 비판을 받은 적이 있다. 길은 이미 정해져 있다는 뜻이다. 하지만 나는 충분히 적절한 비유였다고 본다. 중앙은행은 막바지에 다다르고 있다. 그래서 금리가 마이너스가 되어도 지금보다 더 심각하게 더 떨어질 것 같지는 않아 보인다. 양적 완화, 저금리와 같은 경기 부양책이 이미 우리 뒤에 와있기 때문이다.

코로나19 팬데믹과 불황 때문에 시장, 정책, 경제 등 사회 위험 수준이 증가하고 있다. 미지의 지역을 탐험할 때 가이드는 지도를 들고 여러분에게 말한다. 지도가 안내하는 대로 가는 것이 제일 좋다고. 그러나 그곳에 용이 도사리고 있을지 아무도 모른다.

◆ 미래 금융 위기 대처법

경제 위기에 중앙은행은 서류상 유동성 자산을 늘려 단시간 내에 만기가 도래하는 주택담보대출, 채권, 다른 부채 자산을 매입한다. 애초에 존재하지 않는 돈으로 부채를 해결하기에 문제가 될 게 없다는 이론이다. 그러나 대차대조표를 확대할 수는 있지만 줄일 수는 없다. 갈 수 있는 길이 하나뿐이라면 신중히 접근해야 한다.

CHAPTER 17

보편적 기본 소득UBI

코로나19 팬데믹에 대응하여, 미국 정부는 전례 없는 수준의 재난지원금을 기업과 개인에게 제공했다. CARES법The Coronavirus Aid, Relief, and Economic Security Act(코로나바이러스 지원, 구조, 및 경제 안정법)의 일환으로 실업급여뿐 아니라 소득 수준에 따른 재난지원금을 지급했다. 이러한 지원금은 사실 생명을 구하는 일에 우선적으로 쓰여야 하지만, 국민들의 도산을 막는 데 쓰였다.

일부는 재난지원금을 보편적 기본 소득UBI에 비유하기도 한다. 그러나 UBIUniversal Basic Income와는 큰 차이가 있다. 계획하에 공짜 돈을 사람들에게 지속해서 지급하는 것과 계획 없이 비상 상태에 대처하기 위해 지급하는 것과는 큰 차이가 있다. 나도 여기에 동의한다.

CARES법과 코로나 이후에 추가적으로 지급되는 지원금은 UBI가 아니다. 재난지원금은 경기 하락 위험을 둔화시키는 데 도움을 준다. 반면 UBI는 그 돈을 소비에 사용하기보다 오히려 통장에 쌓아두는 모습을 보인다. 이 점을 본다면 경기 부양 측면에서 보면 UBI가 효과적이지 않을 수도 있다.

GDP 70%가 소비에 의존하고 있는 상황에서 저축은 소비만큼 중요하지 않다. 경기 침체를 겪는 상황에서는 소비가 더 중요하다.

UBI란 무엇인가?

UBI는 근로 여부와 상관없이 모든 국민이 일률적으로 평등한 소득을 받게 한다는 개념이다. 이 제도의 결정적인 문제점은 그것을 감당할 돈이 없다는 것이다. 15장에서 이미 보았던 문제로 미국의 복지 지급 범위가 무려 200조 달러까지 불어난 것을 고려한다면, UBI에 대한 추가적인 예산 확대는 사실상 불가능하다.

'MIT 테크놀로지 리뷰MIT Technology Review'에 글을 쓴 데이비드 프리드먼David Freedman에 따르면, 미국 내 모든 성인에게 연간 1만 달러를 지급하는 것은 "현재 저소득 지원금과 간접비로 나가는

비용의 최소 두 배일 것이며, 예산에서 1조에서 2조 달러 사이의 비용이 추가된다."라고 했다.[1]

여기에 더해 "기존의 복지 안전망 프로그램을 조금만 조정하면, 효과적이면서도 훨씬 감축된 비용으로 빈곤을 없앨 수 있다. 지속적으로 일자리를 제공하며, 빈곤을 없애는 장려책으로 이용하자."[2]라고 주장했다.

프리드먼의 말인즉슨, 비록 덜 효율적이지만 지금 있는 프로그램이 UBI보다 나을 수 있다는 말이다.

비용을 넘어서는 위험들

UBI 실현에 드는 비용은 감당할 수 없는 수준이다. 그 외에도 UBI가 가진 네 가지 문제점이 있다.

① 인플레이션이 상승한다.

② 세금이 오른다.

③ 장기적 경제 발전에 지장을 준다.

④ 사회가 분열될 위험이 있다.

유럽인들의 입장과 태도

[도표 17-1]을 보면 UBI에 대한 유럽인의 생각을 알 수 있다.

[도표 17-1] UBI에 대한 유럽인들의 찬반투표 비율[3]

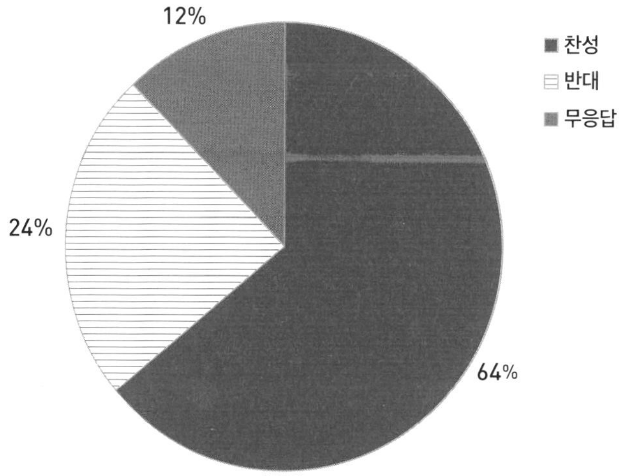

출처: 세계경제포럼, 프레스티지 이코노믹스, LLC

몇 년 전 시행한 조사 결과, 그들은 UBI를 지지했다. 그러나 이 제도에 대한 지지율과는 다르게 유권자들이 투표할 때마다 UBI 실현은 실패의 고배를 마셨다. 단 한 국가도 이 정책에 찬성표를 던지지 않았다.

'소득의 재분배'라는 특성 때문에 UBI의 개념은 마치 공산주의와 그 개념을 공유하는 듯하다. 미국보다 다채로운 정치 역사를

[도표 17-2] UBI에 익숙한 유럽인 비율[4]

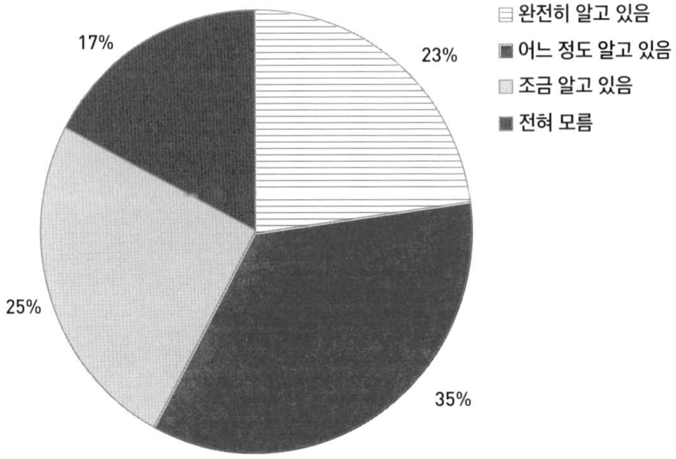

출처: 세계경제포럼, 프레스티지 이코노믹스, LLC

가진 유럽에서 UBI를 매력적인 선택으로 받아들이는 것도 바로 이런 연유이다.

하지만 UBI가 유럽인에게 지지를 더 많이 받을 수 있었던 배경에는 응답자들이 완전히 UBI를 이해하지 못해서일 가능성이 크다. [도표 17-2]가 이 사실을 뒷받침한다. 이는 UBI에 대한 미국인들의 생각에도 주요한 영향을 줄 수 있다. 그럼 지금부터 예산을 초과하는 UBI 얘기를 본격적으로 시작해보자.

[도표 17-3] 미국의 소비자 물가 상승률[5]

출처: 미국 노동통계청, 연방준비은행 경제통계, 프레스티지 이코노믹스, LLC
퓨처리스트 인스티튜트

인플레이션

인플레이션이란 물가가 오르면서 화폐의 가치가 하락하는 것이다. 물건의 가격이 부풀려지면서 돈의 가치가 떨어져 구매력을 잃게 된다. [도표 17-3]에서 볼 수 있듯 1979년 6월에 정점을 찍은 이후, 미국의 인플레이션은 매년 조금씩 감소했다.

이제 잠시 상상해보자. 모든 이들이 UBI를 받는다면 무슨 일이 일어날까? 성인이 일하지 않는데도 정부로부터 지원금을 받는다면 커피, 차, 옷, 음식 등 생활용품 가격은 어떻게 될까? 아무것도 안 해도 매년 벤츠BENZ 자동차 금액의 반에 해당하는 돈을 받는다고 가정해보자. 그러면 벤츠 자동차 가격은 얼마가 될까?

논리적으로 생각해보면 그 결과는 매우 간단하다. 물가가 치솟는다. 인플레이션 비율이 높으면 자산 보유자와 채무자는 이득이다. 그러나 채권을 가진 사람은 매우 불리하다.

코로나19 팬데믹과 불황의 여파로 현재 인플레이션 비율은 예외적으로 낮다. 높은 실업률과 불황으로 인한 자연스러운 결과이다. 사람들은 일자리가 없을 때, 돈을 쓰지 않는다. 돈이 없기 때문이다. 또한 코로나바이러스 보조, 구호, 및 경제보장 CARES 법에 의해 재난지원금을 받고도 사람들은 확실히 돈을 쓰는 것을 두려워하고 있다. 이런 점들이 인플레이션 발생을 억누르고 있다.

채권 투자 종류는 회사채, 국채, 사회보장연금Social Security, 확정급여연금defined benefits pensions 등이 있다. UBI로 인한 인플레이션 위험성은 채권과도 관련 있다. 사람들이 UBI를 받자마자 돈을 쓴다. 이로 인해 물가가 오른다. 대신 채권이 지닌 가치는 떨어진다.

물가가 오르면 UBI도 올려야 하는 필요성이 논의될 것이다. 인플레이션으로 인한 가치 손실을 상쇄해야 하기 때문이다. 이로 인해 차례로 물가를 더 높이고 UBI를 더 올려야 하는 필요가 정당화된다. 물가가 오르면 UBI을 올려야 하고, UBI를 올렸더니 물가가 더 오르고, 다시 UBI를 또 올려야 하고 돌고 돌고 돈다. 얼마나 더해야 멈출 수 있을까?

일단 나라가 UBI의 길에 들어서면 그 어떤 금액도 충분하지 않다. 빠른 속도로 늘어나는 UBI로 인해 미래에는 투입되어야 할 돈을 '디지털'이라는 새로운 방식으로 발행해야 할지 모른다.

낮고 안정적인 인플레이션은 성장에 좋다. 하지만 높은 수준의 인플레이션은 경제를 불안정하게 만든다. 1920년대 초반 독일의 하이퍼인플레이션hyperinflation처럼 걷잡을 수 없는 물가상승으로 지폐는 벽지 바르는 용도로 사용될 수 있다. 최근 짐바브웨Zimbabwe가 비슷한 상황을 겪었다. 짐바브웨 종이 지폐 단위는 무려 수조 달러를 기록했다.

나는 UBI를 시행했을 때 1920년대 독일이나 오늘날 짐바브웨가 겪은 일을 절대적으로 겪게 된다는 것을 예측하는 것이 아니다. 다만 결코 그런 일이 생기지 않는다고 보장을 할 수도 없다는 것이다. 대비책이나 대안을 마련해야 할 때다.

세금이 오른다

현재 미국 정부 예산으로 UBI 지급은 불가능에 가깝다. 연간 국가 부채를 1조에서 2조 달러로 올릴 수도 없는 노릇이다. 따라서 UBI가 실현되려면 다른 어딘가에서 돈을 끌어와야 한다. 돈은 찍어내면 되지만 이는 또 다른 부채를 생성하는 격이다. 산타에 비유해보자. 사람들에게 'UBI'라는 선물을 주기 위해 엄청난 양의 달러를 인쇄했다. 그리고 사람들이 잠든 시간, 모든 집에 살금살금 들어가서 UBI라는 돈다발을 두고 나왔다. 산타는 돈다발을 선물로 주고 달러를 찍어내지 않은 척할 수 있을까? UBI를 공급하면서 달러를 찍어내지 않은 척할 수 없다는 의미이다. 이를 알고도 사람들은 산타가 준 선물을 반긴다. 자, 그다음에 무슨 일이 일어날까? 물가가 오른다. 그렇다면 쿠키와 우유를 미리 비축하는 게 좋을 것이다!

돈을 찍어내지 않고 UBI에 필요한 자금을 얻는 유일한 방법이 있긴 하다. 바로 세금이다. 더 높은 소득세, 더 높은 법인세, 더 높은 재산세 아니면 어떤 새로운 세금을 만들어내는 것이다. 예를 들어 로봇 노동 급여세Robotic labor payroll tax 같은 새로운 세금이 생기는 것이다. 확실한 것은 어찌 됐든 세금이 오른다는 것이다.

UBI에 대한 관점이 달라도 우리 모두 한 가지는 동의할 수 있다. 기업과 개인은 세금 혜택에 반응한다는 점이다. 노동이나 활동에 대한 요구사항은 들어주지 않은 채 오직 부의 재분배만을 위해 시행되는 높은 세금은 기술 개발, 투자, 경제 활동을 저하시키는 원인이 된다.

로봇에 부과하는 급여세

로봇에 대한 급여세 논쟁은 매우 뜨겁다. 빌 게이츠Bill Gates를 포함한 많은 재계 지도자는 지지의 목소리를 높이고 있다. 그러나 로봇의 '직업'을 정의하기란 상당히 어려운 문제이다. 로봇일까? 컴퓨터도 해당되나? 하드웨어와 소프트웨어는? 스마트폰과 엑셀은?

로봇급여세와 관련된 논쟁은 쉽게 사그라지지 않을 것 같다. 로봇 급여세가 시행된다면 이와 관련한 세제 수입tax revenue 배분이 복잡해진다. 정책 결정자는 이 문제를 놓고 좀 더 면밀하게 오랜 시간 검토할 것이다. 주요 대상은 자동화 시스템으로 사람의 일자리를 대체하고 있는 분야이다.

물론, 로봇 급여세로 거둬들인 돈이 노인의료보험제도, 저소득층의료보장제도, 사회보장제도 등 복지지원의 부족한 자금을 충당하는 용도로 쓰일 가능성이 크다. 예전부터 이런 제도들은 근로소득세에서 자금을 조달받았기 때문이다.

그러나 정책결정자의 생각은 좀 다른 것 같다. 더 정확히 말해서, 로봇 급여세를 부과해서 새로운 돈이 생길 구멍이 있다 하더라도 그들은 복지지원에 자금을 대는 것을 소홀히 할 수도 있다. 로봇 급여세가 복지지원 쪽으로 쓰인다면, UBI를 시행하는 데 많은 제약이 따를 수도 있기 때문이다.

나는 로봇 급여세와 UBI에 모두 회의적 입장이다. 누군가에게는 불합리하기 때문이다. 그런데 한 가지 확실한 것은 정치에서 나올 법한 이야기가 실제로 일어날 수도 있다는 것이다. 예를 들면 당신이 '폴'이라는 사람의 투표권을 얻고자 그에게 돈을 주었다. 이로 인해 당신은 폴의 투표권을 획득했다. 그런데 폴에게 준 돈은 '피터'라는 사람에게서 빼앗아준 돈이다. 무슨 말이냐면, 누군가는 가만히 있어도 공짜 돈을 받는데, 누군가는 돈을 잃는다.

법인세

2017년 미국은 세제 개편tax reform의 일환으로 법인세율을 인하했다. 이는 기업 이익, 투자, 경제를 활발하게 자극하므로 많은 이로부터 긍정적인 반응을 얻었다. 그러나 모든 미국인에게 UBI를 제공하기 위한 자금 마련 대책으로 법인세를 대폭 인상한다면 엄청난 저항을 불러올 것이다. 즉, 미국 경제는 UBI로 인한 과세 폭탄을 피하려는 기업의 집단이탈을 경험하게 될 거라는 말이다.

UBI를 받는 사람들이 풍선처럼 커지는 것을 보고 싶은가? 그렇다면 법인세로 기술 관련 기업을 겁주어 쫓아내면 된다. 그렇게 되면 다른 분야보다 5배의 실직자들이 쏟아져 나온다. 기술 관련 기업들은 일자리 창출에 있어 5배 이상의 효과를 가져다주기 때문이다.[6]

소득세

UBI의 재원을 마련하는 또 다른 방법은 근로자에게 세금을 부과하는 것이다. 모든 이가 UBI를 지원받으려면 일해서 급여를 받는 사람들이 그 자금을 대야 한다. 일하지 않고 일하기를 원하지도 않는 사람들을 위해서 말이다.

근로자들은 홀로덱holodeck(가상현실을 보여주는 장치-옮긴이)을 갖춘 고성능과 온라인 기능을 강조한 마이크로소프트의 비디오 게임기Xbox로 게임하는 사람들을 위해 평생 일정액의 자금을 부담해야 한다. 이와 같은 UBI 시스템 시행은 장기적 경제 발전에 부정적인 위험 요소가 될 수 있다. 여기에 관련한 주제는 이어서 논의하도록 하겠다.

세금 없는 세상은 없다

인생에서 장담한 수 있는 두 가지가 있다면 '죽음'과 '세금'이다. 졸탄 이스르반Zoltan Istvan과 같은 특이점주의자Singularitarian들과 트랜스휴머니스트Transhumanist들은 꼭 죽지 않을 수도 있다고 말한다. AI가 인간의 지능을 넘어서는 순간이 곧 도래하고 이것은 인류에게 기회라고 믿으며 과학기술을 이용해 사람의 정신적, 육체적 성질과 능력을 개선하여 장애, 고통, 질병, 노화, 죽음을 해결해준다고 기대한다. 미래에는 영원히 살 수도 있다고 말이다. 그런 와중에도 세금은 여전히 내야 한다.

그리고 UBI의 시행과 더불어 더 많은 세금이 기다리고 있다.

장기간에 걸쳐 경제에 미칠 부정적 영향

철과 강철에 의해 산업혁명이 시작되었다. 그로 인해 대장장이, 방직공 외에도 많은 직업이 사라졌다. 물론 산업혁명이 일어나는 동안 말하기 다소 불편한 시절도 있었다. 아동을 대상으로 한 노동력 착취, 끔찍한 노동 환경, 보호되지 않는 노동자 인권 등 불합리한 학대가 만연했다.

이런 문제를 해결하기 위해 노조가 생겨나고 노동 개혁이 이루어졌다. 주말, 휴일, 유급 휴가는 노동조합의 발전에서 비롯되었고 인간다운 근무 환경도 성공적으로 이루어졌다. 문제점을 완전하게 고친 것은 아니지만 사회와 경제는 개선되고 발전했다.

농촌의 삶이 완전히 막을 내릴 무렵, 새로운 직종의 발생과 출현은 중요한 부분으로 자리 잡았다. 더 많은 사람이 대학 교육을 받음으로써 의사, 언론인, 변호사, 기술 전문직이 대거 배출되었다. 이는 사회에 매우 긍정적인 영향을 미쳤다.

만약 사람들이 삶을 변화시키지 못하고 그저 농촌에 머물면서 지원금을 받았다면 어떻게 되었을까?

역사 속 UBI

1800년대 유럽의 군주가 대장장이, 제분업자, 방직공이 다시 일하지 않도록 돈을 나누어준다고 상상해보자. 유럽의 성장은 어떻게 되었을까? 1800년대 후반 무역업자들이 미국 정부를 상대로 오랜 투쟁 끝에 UBI를 가까스로 얻어냈다면 미국 경제는 어떻게 되었을까? 분명 경제는 낮은 성과기록을 내고, 경제 발전은

억제되며, 저성장을 유발했을 것이다.

개인 간의 능력 차이를 줄이는 데 기본 소득은 도움이 되지 않는다. 개인에게 돈을 뿌리는 것은 근본적인 문제 해결이 아니다. 경제의 장기적인 성장을 위축시킬 뿐만 아니라 자본주의 경제가 갖는 본연의 적응력을 감소시킨다. 이것은 UBI와 관련해서 생각해볼 문제이다. 모든 사람이 정부지원금을 받는다면, 스스로 어려움을 헤쳐 나가는 방법을 잊어버릴지도 모른다. 결과적으로 경제 성장이 멈춘다.

더 중요한 문제는 실직에 대한 해결책으로서의 UBI에 개인적 비용이 든다는 점이다. 일하지 않는 대가로 주어지는 UBI에 의존한 채 살아가는 그들에게 희망은 무엇일까? 그들은 자신을 어떤 사람이라고 여길까. 자신을 사회의 잉여 인간으로 여기고 자존감은 무너지고 우울감은 급상승하지 않을까? 이로 인해 사회는 어떤 상황이 벌어질까? 현재 아무것도 하지 않는데 정부로부터 UBI를 받는다면 마냥 좋기만 할까?

독일산 셰퍼드

시간이 지남에 따라 많은 직업이 변하고 없어졌다. 불로소득으로 살아간다 해도 삶의 만족도가 떨어진다. 근본적으로 인간은 할 일이 필요하다. 물론 오랜 여가 생활은 멋진 일이다. 그런데 왜 억만장자들이 일을 놓지 않는가? 이런 점을 봤을 때, 그들은 마치 독일산 셰퍼드German shepherd와 비슷하다.

내가 아는 사람, 가족, 친한 친구들, 지인들을 보면 독일의 국견 셰퍼드가 떠오른다. 그들이 할 일이 있는 것을 좋아하고 바쁘고 긴장감 있는 삶을 좋아하기 때문이다. 셰퍼드를 키워봤거나 관찰하고 동물보호소에서 자원봉사라도 해본 사람이라면 안다. 셰퍼드는 뭔가 할 거리가 충분하지 않으면 지루함 때문에 가구를 부수기 시작한다. 사람들은 충분한 일거리가 없으면 자신의 삶을 마치 셰퍼드처럼 갈기갈기 찢는다는 것이 내가 가진 믿음이다.

이는 그리스 신화의 핵심 교훈이기도 하다. 그리스 신화의 신과 여신은 전쟁과 분쟁에 휘말렸다. 단지 '지루'했기 때문이다. 할 일이 없었기 때문에 그들은 세상을 사정없이 파괴했다. 지루함 외에는 다른 이유가 없다. 따라서 우리도 이 지루함을 조심해야 한다.

예외적인 사례가 있다면 은퇴자들이 정부의 재정 지원을 받을 때이다. 대부분 신체적으로 활동이 어렵기 때문이다. 그러나 젊은 성인이 할 일이 없다면 이건 완전 다른 문제로 접근해야 한다.

그들은 적극적으로 할 일이 있어야 한다. 성취감을 느끼고 만족도를 높여야 삶이 즐거워진다. 그런데 로봇과 자동화로 인해 직업이 차츰 사라지고 있다는 사실은 문제로 대두된다. 사람들이 정신적으로나 육체적으로 활동을 유지할 방법이 없다면 사회에 위기가 온다. 그럼에도 사람들은 이 문제를 위협적으로 생각하거나 언급조차 하지 않는다.

게으른 손은 악마의 유혹이다. 일이 없는 세상, UBI의 세상은 사회의 존립에 큰 문제를 안겨준다. 당연히 금융도 이에 영향을 받는다.

《로봇과 노동의 미래》를 저술한 카플란Kaplan이 《인간은 필요 없다Humans Need Not Apply》에서 지적했듯 돈은 일하기 위한 유일한 이유가 아니다. 사람들은 자신이 사회에 필요한 구성원이라는 것을 느끼고 싶어 한다. 사람들은 자신과 가족을 부양하는 것 외에도 자기가 하는 일로 인해 다른 이의 행복이 높아지고 사회발전에 기여되기를 원한다. 다른 이를 도울 때 큰 만족을 느끼고, 자부심이 높아지며, 자기 삶에 목적과 의미가 부여되기 때문이다.[7]

나는 1857년 시인 랠프 에머슨 등 보스턴의 지식인 그룹이 설립한 문학잡지 디 애틀랜틱The Atlantic에 '바쁜 사람이 행복한 사람'이라는 칼럼을 기고했다. [도표17-4]도 그 칼럼에 포함된 내

[도표 17-4] 바쁠 때 행복을 느끼는 사람들[8]

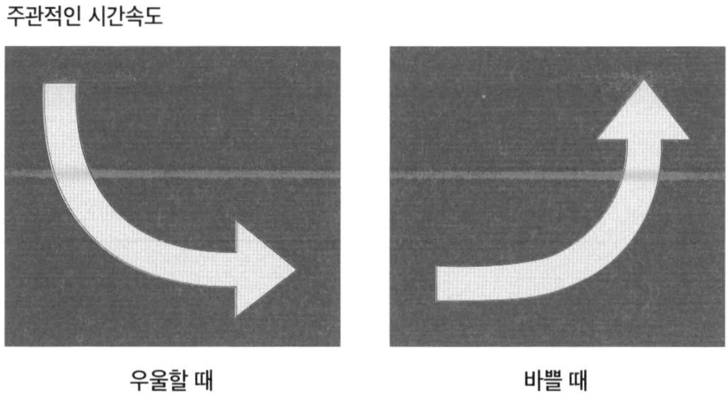

출처: 디 애틀랜틱, 프레스티지 이코노믹스, LLC

용이다.[9] 이 잡지의 다른 저자는 이렇게 말했다.

"많은 사람이 자기 일을 싫어한다. 그러나 노동이란 참 역설적이게도 그들이 아무것도 하지 않으면 훨씬 더 비참해진다는 것이다."[10]

UBI의 조상

1989년 베를린 장벽이 무너지고 뒤이어 소련이 1991년에 붕괴되자, 서방 세계는 자본주의가 공산주의를 물리쳤다고 선언했다. 그러나 시간이 흐르면서 역사적 관점이 변했다. 현재 대부분의 유럽 역사를 연구하는 학자들은 "실제 무력 충돌이 일어났던 세계 제1차대전과 제2차대전 사이, 긴 휴전협정을 맺은 어떤 전쟁이 하나 있었다."라고 말한다. 이로 인해 나는 과연 공산주의는 막을 내렸는지, 아니면 휴전 상태를 유지하는 건지 매우 궁금해졌다.

역사의 끝에 서 있던 공산주의가 UBI로 인해 그 선을 넘게 된다면, 어쩌면 1라운드에서 고군분투하다 패배한 자본주의와 냉전의 '종식'을 보게 될 수도 있다. 나 역시 마르크스, 엥겔스, 레닌, 룩셈부르크, 트로츠키 등 공산주의 지도자들의 책을 읽었다. 그러나 아이러니하게도 그들이 저술한 글은 실리콘 밸리 경영진들이 자본주의 이후 펼쳐질 로보토피아Robotopia에 대해 얘기할 때보다 덜 공격적이었다.

정신을 바짝 차려야 한다. 공산주의 실패의 최종 판단은 아직 내려지지 않았다. 미국의 사회보장국은 사회보장제도 조상이 오토 본 비스마르크Otto von Bismarck로 간주하지만 내 개인적으로는 UBI의 조상은 칼 마르크스Karl Marx라고 인식하고 있다.

UBI를 시행하려면 높은 대가를 감당해야 한다. UBI는 높은 인

[도표 17-5] UBI의 조상, 칼 마르크스[11]

플레이션, 기업의 이탈, 높은 세금, 장기적 경제 불황을 초래할 수 있다. 어쩌면 개인 삶의 영역과 사회의 침체까지도 좌우한다. UBI는 실현 가능한 선택이 아니다. 우리는 어딘가에 의지하기보다 변화에 적응하는 능력을 길러야 한다.

정계를 뜨겁게 달굴 UBI

나는 2017년《Jobs for Robots》에서 UBI를 처음 언급했다. 그 후 많은 UBI 지지자들과 교류했다. 심각할 수 있겠지만 그리 편한 만남은 아니었다. 당연히 나도 무상으로 제공되는 돈은 매력적인 제안이어서, 2017년 초 UBI를 좋은 아이디어라고 생각하는 사람들이 수년 동안 많이 증가할 것으로 믿어 의심치 않았다. 앞으로도 20년 동안 뜨거운 정치적 이슈 중 하나가 될 것이라고까지 언급했다. 이 예상은 이미 사실로 증명이 되었다.

2019년 미국 대선 후보는 대선 캠페인의 주요 안건으로 UBI를 꺼내들었다. 대통령 선거에 출마한 후보자 중 UBI가 당락의 견인차로 작동될 가능성이 크다. 사람들은 이미 코로나19 팬데믹과 CARES법으로 공짜 돈의 단맛을 보았기 때문이다. 미국 경제가 그것을 감당하지 못하더라도 공짜 돈은 미국 내 유권자를 상당수 사로잡을 수 있다. 게다가 UBI 지지자들은 다음과 같은 슬로건을 내세우며 지지자를 모은다.

"세상의 비노동자들이여. 단결하라!"

우리는 공짜 돈이 울리는 사이렌 소리에 귀를 막아야 한다. UBI의 거짓된 약속이 전체 경제를 침몰시킬 수 있다. 그러나 안타깝게도 UBI는 전 세계에서 관심을 받는 주제가 되어버렸다.

코로나19, 경제 폐쇄는 공중보건과 경제를 동시에 보존할 방법으로 UBI를 선택했고, 판도라의 상자는 이미 열렸다. 그럼에도 2020년 8월 현재, 경제는 여선히 힘을 못 쓰고 있다. 앞으로 수십 년 동안 미국의 정치적 담론은 CARES법과 UBI, 정부의 재정 분배로 얼룩질 것이다.

◆ 미래 금융 위기 대처법

탐스러워 보이는 UBI에서 눈을 떼자. 인플레이션, 세금 부담, 사회 분열이 그 뒤에 숨어있다. 공짜 돈이 울리는 사이렌은 거짓된 약속으로 경제를 침몰시킨다. 개인 삶의 영역과 사회의 침체까지도 좌우한다. UBI는 실현 가능한 선택이 아니다. 우리는 어딘가에 의지하기보다 변화에 적응하는 능력을 길러야 한다.

데이터도 자산이다.

금융 미래의 흐름은 축적된 데이터에 담겨 있다.

분석하고 경향을 읽어내는 안목이 필요하다.

제 4 부

세계의 동향

THE FUTURE
OF FINANCE
AFTER COVID

THE FUTURE OF FINANCE AFTER COVID

'세계의 동향'을 살핀다. 금융에 유익한 영향을 준 혁신적인 핀테크 기술의 긍정적 관점과 ESG의 중요성 및 기업의 지속가능성 증가, 세계 경제를 위한 무역의 중요성을 다룬다. 덧붙여서 2차 냉전의 전야제가 될 수 있는 미국과 중국 간의 강력한 권력 다툼에 대한 평가도 여기서 논한다.

CHAPTER 18

세계에 밝은 영향을 주는 핀테크

핀테크가 경제에 미치는 긍정적 영향은 우리가 상상한 것 이상이다. 은행을 이용하던 사람들이 핀테크를 이용하면서 비용을 절감하고 편의성을 갖게 된 수준을 넘어선다. 핀테크가 가진 잠재적 영향은 특정 지역과 특정 사람에게만 국한되지 않는다. 핀테크는 약속한다. 전 세계 모든 사람에게 '민주적인' 접근을 선사하겠노라고.

이전까지 신흥시장의 금융기관, 은행, 투자에 접근하기란 매우 쉽지 않았다. 핀테크의 진면목은 바로 이런 신흥시장의 진입장벽을 낮추는 데 있다.

만약 여러분이 미국이나 다른 OECD 국가에 산다면 은행을 이용하지 않는 사람들이 신흥시장에 엄청나게 많다는 사실을 알기 어렵다. 물론 미국에도 이런 사람들이 꽤 있다. 믿기지 않지만 사실이다.

전 세계 17억 명 이상의 성인이 은행 서비스를 이용하지 않는다. 세계은행World Bank에 따르면, 이들 중 절반은 방글라데시, 중국, 인도, 인도네시아, 멕시코, 나이지리아, 파키스탄까지 7개국에 살고 있다고 한다. [도표 18-1]의 지도를 보면 알 수 있다.[1]

은행 계좌가 없는 미국 내 가구는 840만에 이른다. 연방예금보험공단Federal Deposit Insurance Corporation에 따르면 약 6.5%가 은행 서비스를 이용하지 않는 것으로 조사되었다. 이들은 어떤 종류의 은행 계좌도 갖고 있지 않다.[2]

조사에 따르면 미국의 2,420만 가구는 당좌예금이나 저축예금을 가지고 있긴 하다. 하지만 이것 또한 은행 시스템의 외부에서 얻은 상품이어서 은행의 관리를 받지 못한다. 미국 전체 가구의 18.7%가 여기에 해당한다.[3]

결론적으로 미국에서도 25.2%인 약 3300만 가구가 은행을 이용하지 않거나 은행 서비스 혜택을 누리지 못한다는 말이다.

[도표 18-1] 전 세계 은행 서비스 비사용 성인 수[4]

전 세계 은행 서비스를 이용하지 않는 성인 17억 명, 2017

참고사항: 은행 서비스 비사용 성인 비율이 5% 이하인 국가는 데이터상으로 표시되지 않음.

출처: 세계은행 발간 보고서

금융에 접근하도록 장려하는 수단 중 하나가 '휴대폰'이다. [도표 18-2]에서 보이는 것처럼 세계은행에 의하면 은행 서비스 비사용 성인 중 3분의 2가 휴대폰을 갖고 있었다. 은행 서비스를 이용하지 않는 성인도 휴대폰으로 세계 금융에 접근할 수 있다는 말이다. 이는 은행 서비스에 닿을 수 없었던 수많은 사람이 휴대폰 핀테크 솔루션을 이용함으로써 은행 서비스를 이용할 수 있다는 것을 의미한다.

IMF는 2019년 6월 보고서에 "핀테크는 전 세계에 금융 서비스가 제공될 수 있도록 엄청난 영향력을 미치고 있다. 모바일 결제는 많은 이들이 핀테크에 유입될 수 있도록 도운 핵심 키다."라고 언급했다. 그리고 아프리카를 큰 성공 사례 중 하나로 보았다. 보고서는 "아프리카에서 모바일 머니는 금융으로 가는 접근성을 높이면서 급속도로 성장한 모습을 보였다."라는 점을 강조했다.[5]

아프리카에서 모바일 결제가 대규모로 확산되고 도입된 사실 역시 2017년 세계은행 보고서를 통해서도 알려졌다. 2014년에서 2017년 사이, 사하라 사막 이남 지역에 사는 성인 중 모바일 계좌를 만든 비율이 급상승한 사실은 [도표 18-3]에서 확인할 수 있다.

[도표 18-2] 은행 서비스 비사용 성인 중 휴대폰을 소유한 2/3[6]

휴대폰을 소유한 은행 서비스를 이용하지 않는 성인, 2017

참고사항: 은행 서비스 비사용 성인 비율이 5% 이하인 국가는 데이터상에 표시되지 않음.

출처: 세계은행 발간 보고서, 세계 여론조사 기관 갤럽 2017

[도표 18-3] 아프리카의 모바일 결제 확산[7]

2014년 이후 사하라 이남 지역에서 더 널리 확산된 모바일 계좌
모바일 계좌 사용 성인 비율(%)

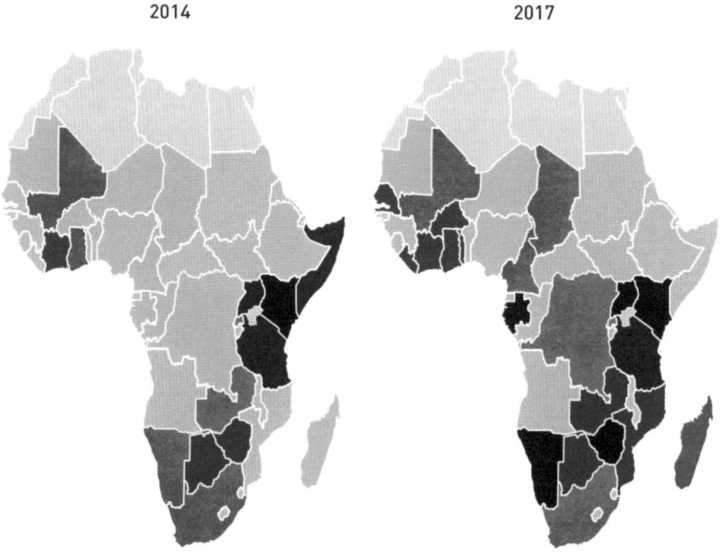

- 0-9
- 10-19
- 20-29
- 30-39
- 40-100
- 자료 없음

참고사항: 아프리카 사하라 사막 이남 지역만 데이터상으로 표시됨

출처: 세계은행 발간 보고서

핀테크의 미래는 어떻게 될까? 국내뿐만 아니라 신흥시장에서는 은행 시스템을 이용하지 않거나, 은행 시스템으로부터 혜택을 받지 못하는 개인에게 관심이 쏠릴 것이다. 금융의 미래에도 이런 사람을 '은행, 투자, 결제'의 영역으로 이끄는 것이 논의되어야 한다. 따라서 핀테크 회사나 금융 서비스 회사는 17억 인력시장을 공략하기 위해 핀테크 기술을 개발하고 인수하는 데 전력을 다해야 한다.

◆ 미래 금융 위기 대처법

핀테크의 시장은 아직도 광활하다. 은행을 이용하던 사람들이 핀테크를 이용하면 비용을 절감하고 편의성을 갖게 된 수준을 넘어선다. 여기에 더해 핀테크가 가진 잠재적 영향은 특정 지역과 특정 사람에게 국한되지 않는다. 은행 서비스에 닿을 수 없었던 수많은 사람이 휴대폰 핀테크 솔루션을 이용함으로써 은행 서비스를 이용할 수 있다.

CHAPTER 19

ESG의 지속가능성

미래 금융의 트렌드는 ESG, 즉 환경Environment, 사회Social, 지배 구조Governance이다. 기업의 재무뿐만 아니라 비재무적인 요소인 환경, 사회, 지배 구조의 건전성을 기준으로 기업의 가치를 평가하는 것이다.

ESG가 추구하는 것은 바로 '지속가능성sustainability'이라고 볼 수 있다. 이러한 움직임은 수년 동안 진행 중인데, 코로나19 팬데믹과 경제 폐쇄의 여파로 지구에 찍히던 탄소발자국carbon footprint(온실 효과를 유발하는 이산화탄소 배출량-옮긴이)을 대폭 줄이게 되었다. 코로나19 이전에 비해 여행 가는 사람과 출근하는 사람이 대폭 감소했다.

[도표 19-1] 2018년 활동가들의 결의안 종류[2]

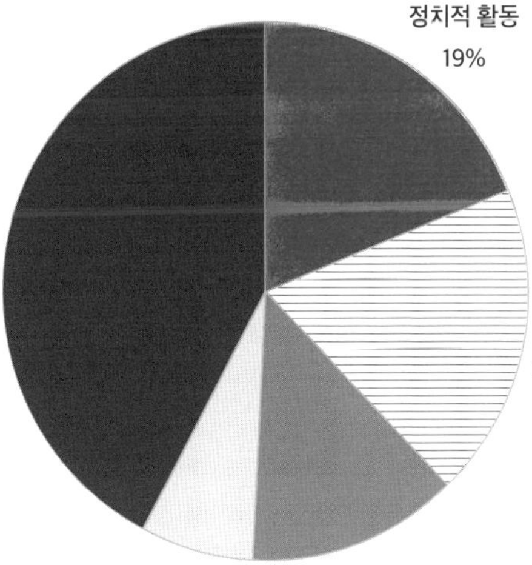

출처: Si2, 퓨처리스트 인스티튜트

이런 상황은 재택근무 시스템을 갖추고 ESG에 신경을 쓴 회사는 이득을 보게 될 것이다. 하지만 코로나19가 드리운 공포가 사라져도 관광산업은 계속 침체된 모습을 보일 수 있다. 여전히 사람들은 재택근무를 할 가능성이 높기 때문이다.

2018년 활동가와 투자자activist investor가 목표로 내건 분야는 기후 변화 19%, 지속가능성 13%, 기타 환경 이슈 7%, 정치 활동

[도표 19-2] 활동가들이 변화를 요구하고 나선 글로벌 기업[3]

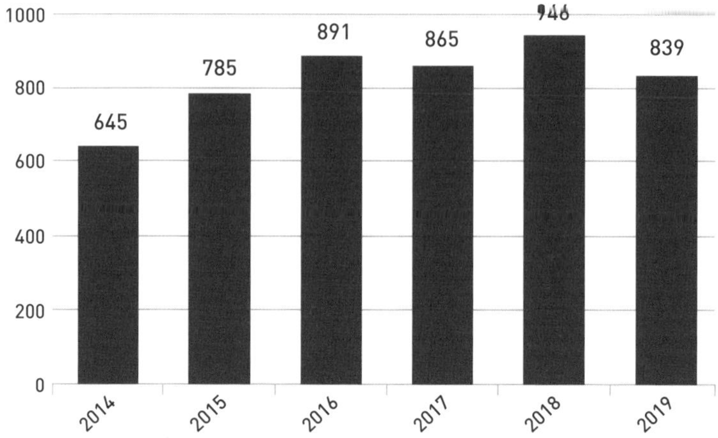

출처: 액티비스트 인사이트, 퓨처리스트 인스티튜트

19% 등이다.[1] 그 세부 내역과 비중은 [도표 19-1]에서 살펴볼 수 있다. 지속가능성이 기후 변화나 환경 결의안과 같은 유형의 환경 운동이라 생각한다면, 2018년 한 해 활동가 투자자의 결의안 39%가 환경 분야였다.

나는 이 결의안 자체를 가치 판단을 하려는 것이 아니라 2018년 제기된 활동가와 투자자의 다양한 목표를 소개하고자 한다. 금융 분야에서 이들의 역할이 더 중요해질 전망이기 때문이다.

활동가와 투자자란 회사의 거대 주주로서 이사회 의결권을 확

[도표 19-3] 활동가들이 변화를 요구하고 나선 미국 내 기업[4]

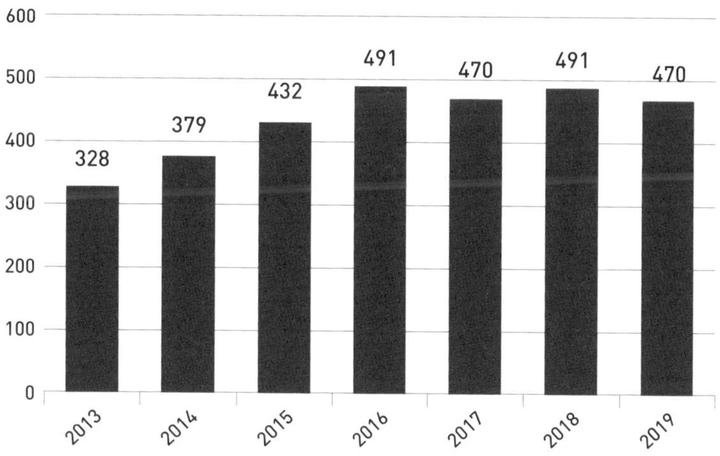

출처: 엑티비스트 인사이트, 퓨처리스트 인스티튜트

보하여 회사 운영에 근본적인 변화를 일으키려는 개인 혹은 집단을 가리킨다. 이들의 활동은 매년 증가하는 추세이다. 활동가 투자자에게 압박을 받는 기업은 2013년부터 2018년 사이에 전 세계적으로 54% 증가했다. [도표 19-2]를 보면 잘 나타난다. 미국 내부 상황도 비슷하다. 활동가 투자자에게 압박을 받는 기업의 수는 2013년 50% 이상에 달한다. [도표 19-3]이를 잘 보여준다.

2019년 전 세계적으로 활동가 투자자에 대한 수요는 줄었지만, 활동은 장기 상승 추세로 이어지고 있다. 금융의 미래 또한 그들의 요구에 직접적인 영향을 받게 될 것으로 예상한다.

기업은 종종 비용을 들이지 않고 혜택을 얻지만 누군가는 그 비용을 부담해야 한다. 구체적으로 파악하기는 어렵지만 사회 전반으로 전해지는 이러한 비용을 '외부 효과externality'라고 한다. 여기에는 환경에 미치는 부정적인 영향도 포함된다. 환경적 영향 외에도 노동이나 사회·정치적 비효율성을 이용해 시세 차익을 내고 막대한 금융 이익을 얻고자 기회를 엿보는 행위 역시 포함된다.

외부 효과에 대한 책임을 전적으로 기업에 묻는 것은 기업의 수익 구조에 타격을 준다. 신용평가기관은 지속가능성의 목표가 채권 가격이나 가중평균자본비weighted average cost of capital(WACC)에 영향을 미칠 수 있다고 경고한다.[5] 수익 구조, 전반적 평가, 신용 등급, 주식 가격에 영향을 줄 수 있다는 것이다.

앞으로 기업은 환경·사회·지배 구조 및 지속가능성에 대한 성취 가능한 목표를 보여줄 필요성이 커질 것이다. 그렇지 못하면 활동가, 투자자의 지배에 갇혀 수익성과 주가에 피해를 볼 수 있다. 이런 점으로 인해 기업 지출, 사무공간 및 공공시설 이용, 통근 감소 등의 변화는 코로나19 이후에도 영구적으로 지속되어야 한다.

◆ 미래 금융 위기 대처법

ESG가 회사의 가치를 올린다. 수익률보다 집중해야 할 부분이다. 이런 외부 효과에 대한 책임은 기업의 수익구조에 타격을 준다. 지속가능성의 목표가 채권 가격이나 가중평균자본비에 영향을 미칠 수 있다고 신용평가기관은 경고했다.

CHAPTER 20

무역의 중요성

미·중 강대국 간의 경쟁은 금융, 세계 경제, 무역에 위험 요인을 제공한다. 코로나19 불황 이후 미국과 중국 간의 역학 관계는 금융 시장뿐만 아니라, 글로벌 공급망에도 계속 영향을 미치고 있다. 팬데믹 이전부터 보였던 이 두 나라의 갈등 관계가 2차 냉전으로 들어갈 위험이 크다.

미국과 중국 사이의 무역전쟁으로 인해 2018년과 2019년 사이에 글로벌 경제 성장은 느려졌다. 2017년 세계적으로 무역 시장이 활기를 되찾으면서 경제 성장이 엄청났었는데도 말이다.

미국과 중국 사이에 있는 표면적인 갈등은 '관세'이다. 하지만 깊이 들여다 보면 세계 경제, 정치적, 군사적 패권 다툼이 있다. 2020년 8월 현재까지 미국과 중국 간의 무역 갈등이 해결되지 않은 채 남아 있는 이유이다.

이 갈등은 더 확산될 조짐과 위험을 껴안고 있어서 세계 경제 성장까지 가로막고 있다. 이런 까닭에 나는 앞으로 중국에 있던 미국의 제조공장이 다시 미국으로 이전하여 지금과는 다른 공급망이 생길지도 모르겠다고 언급했다.

코로나19 팬데믹은 여러 가지 면에서 틈새를 보인다. 알고 있었지만 모른 척했던 이슈들과 사회, 글로벌 경제, 국가 안보의 위험 요소가 그것이다. 대표적으로 과도하게 한쪽으로 기운 미국 공급망의 위험성을 그대로 보여주었다. 의료용품, 의료기기, 기본 필수품, 개인보호장비personal protective equipment(PPE), 심지어 장갑, 마스크 등 중요한 물품을 글로벌 공급망에 의존하면서 드러난 문제점이다.

지금 가장 중요한 질문 중 하나는 앞으로 미국과 중국의 국제 관계가 어떻게 변할 것인가이다. 이들 관계는 글로벌 공급망, 세계 경제, 강대국 간 패권경쟁에서 어떤 파급 효과를 가져올까? 나는 최근 미국 국방부가 발간한 보고서를 기반으로 코로나19

이후 공급망의 미래에 대한 시나리오를 제시하면서, 이 문제에 대해 답하려고 한다.

아래 링크를 클릭하면 국방성 공개 보고서의 전문을 다운로드할 수 있다.

http://www.futuristinstitute.org/pentagon-report/

금융의 미래를 타진할 때 무역은 중요한 역할을 한다. 세계 경제 성장은 무역과 밀접한 관련을 맺고 있다. 무역 환경이 고위험에 내몰리면 세계 거시경제 전반에 적신호가 켜질 수 있다.

결국 세계 경제와 금융, 금융 시장은 연결되어 있는 고리와 같다. 2018년 초 미국과 중국 간 무역 전쟁이 본격화되면서 주식 시장도 큰 타격을 받았다. 게다가 코로나19 팬데믹 이전에도 글로벌 경제는 크게 둔화되었다. 더 나아가 두 강대국 간 갈등이 계속 팽팽한 긴장감을 유지한다면, 경제 성장과 금융 시장은 다시 위축될 수밖에 없을 것이다.

◆ 미래 금융 위기 대처법

세계의 문화, 산업, 금융은 연결되어 있다. 무역 환경이 고위험에 내몰리면 세계 거시경제에 적신호가 켜진다. 금융 시장뿐만 아니라, 글로벌 공급망에도 계속 영향을 미치고 있다. 국가 간 갈등은 세계 경제 성장까지 가로막는다. 이 보편적 진리는 영원히 지속될 것이다.

코로나 이후 금융의 미래

이 책을 쓴 목적은 코로나19 팬데믹, 경제 폐쇄, 불황기 이후 금융의 미래에 대한 비전을 공유하기 위함이었다.

지금까지 시장, 기술, 리스크, 정부, 중앙은행 정책, 장기적인 세계 역학 관계 등 향후 10년 동안 금융의 미래가 어떻게 전개될 것인가 논의했다. 앞으로 펼쳐질 위기와 기회를 이해하는 데 도움이 되었기를 소망한다.

코로나19 이전부터 이미 진행되고 있던 파괴적인 트렌드들이 팬데믹으로 가속화되었으며, 금융 서비스, 핀테크는 금융 시장에 많은 변화를 가져왔다. 개인과 기업, 더 나아가 산업 전체에 강한 영향을 주며 그 힘을 앞으로도 발휘할 것이다. 가장 타격을 입는

[도표 21-1] 금융기관 직원 감축 예상[1]

2030년까지 금융기관 직원 감축 예상 (단위: 천 명)

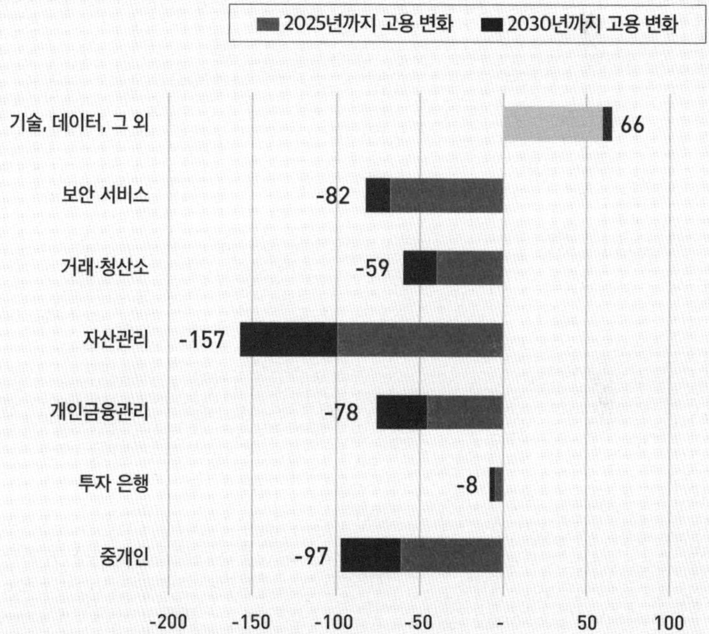

출처: 프레스티지 이코노믹스, LLC, 퓨처리스트 인스티튜트

대상은 미래 금융의 '회사 구조'로 예측된다.

다시 말해, 기술에 사람들의 관심이 쏠릴 것이다. 동시에 금융 서비스 분야에서 일하는 사람들은 이전보다 훨씬 줄어들 것이다. 이러한 상황은 은행, 보험, 금융 설계, 그 외 나머지 분야에서도 마찬가지이다. [도표 21-1]에서 금융 서비스 일자리 부문에 대한 예측을 볼 수 있다.

나는 현재와 미래의 파괴적 혁신disruptive innovation(단순하고 저렴한 제품이나 서비스로 시장의 밑바닥을 공략한 후 빠르게 시장 전체를 장악하는 방식의 혁신-옮긴이) 시대에 살아남고 번창할 기업을 내 저서에서 언급했다. 그 분야의 핵심 기술을 가진 기업으로 금융과 금융 서비스 기업들도 같은 운명이다.

이전에도 교육에 의해 실업률과 급여에 차이가 있었다. [도표 21-2]은 미국 노동통계국이 발표한 2019년도 실업과 소득 통계이다. 교육은 소득과 양의 상관 관계(두 변수 사이에 어느 한쪽이 증

[도표 21-2] 교육, 소득, 실업률과의 관계[2]

2019년 교육, 소득, 실업률과의 관계
2019년 교육 수준에 따른 실업률 및 소득

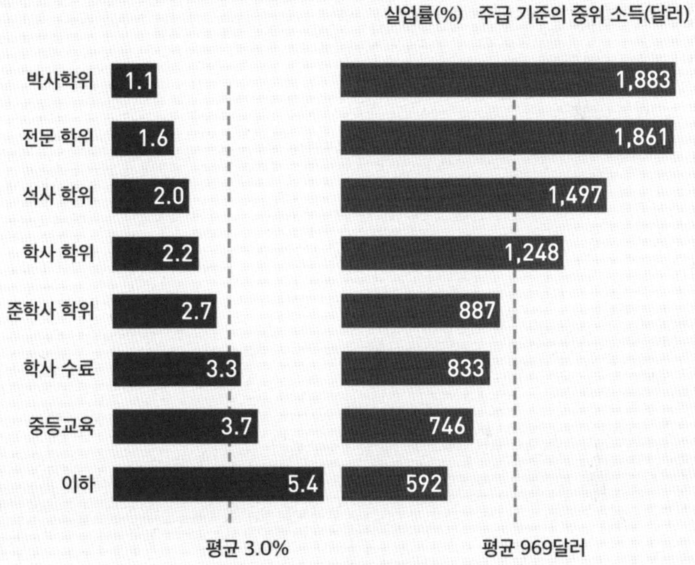

참고: 데이터는 25세 이상 정규직 소득을 기준으로 삼음

출처: 미국 노동청 자료, 인구 조사 자료(2019), 프레스티지 이코노믹스, LLC

가할 때 다른 쪽도 함께 증가하는 관계-옮긴이)가 있고, 실업률은 음의 상관 관계(두 변수 사이에 어느 한쪽이 증가할 때 다른 쪽은 감소하는 관계-옮긴이)에 있다. 즉 더 많이 교육을 받으면 더 많은 돈을 벌고, 실업자가 될 가능성이 낮아진다고 해석할 수 있다.

금융의 미래를 내다봤을 때, 교육이 고용가능성employability과 급여에 영향을 미치는 결정적 요소라고 본다. 코로나19 팬데믹과 경기 침체 이후 금융계에 대규모 일자리 개편이 닥치더라도 말이다.

일자리를 얻을 기회는 지금과는 다른 영역에서 펼쳐질 가능성이 있다. 따라서 우리는 자기 역량을 발전시키기 위해 새로운 기술 중심의 기능skill을 배워야 한다. 교육과 전문적 성취가 필수조건으로 부상한다. 핀테크 인력의 경우 매우 전문적이기 때문에 금융의 어떤 부문에서도 핀테크 인력은 대체되지 않을 것이다.

신용과 비즈니스를 위협하는 위험

비록 코로나19가 세기에 한 번 있는 사건일지라도 산업 신용, 금융, 현금 관리에 장기적 영향이 있을 것이다. 최근 연준Fed의 채권과 부채 매입에도 불구하고, 코로나19 이후 미래에서는 기업의 신용 거래를 더 어렵게 하는 심각한 위험 요소가 있다.

2007년부터 2009년까지 있었던 부동산 위기와 글로벌 경제위기 후에 개인들이 면밀한 관찰대상이 된 것처럼, 코로나19 이후에는 기업들이 신용경색을 경험할 수 있다. 이것은 수년 동안 지속될 것이다. 그리고 은행들이 응급 상황에서 충분한 현금, 즉 비상금을 보유하지 못한 기업에 대한 신용도를 높이지 않을 가능성이 크다. 응급 상황이라 하면 예를 들어 또 다른 전염병의 대유행이나 천재지변과 같은 재앙이 닥쳐서 경제 전체를 폐쇄할 필요가 있는 그런 상황을 말한다

이러한 신용경색은 코로나19 이후 회복 기간, 기업 성장, 투자, 경제 활동 등을 둔화시킬 수 있다.

추가적으로 알고 싶다면

여러분이 이 책을 읽고 불투명한 미래에 대비해 전략적으로 계획을 세우고 싶다면 퓨처리스트 인스티튜트The Futurist Institute의 공인받은 미래학자 및 장기 분석가Futurist and Long-Term Analyst™ – FLTA™ 훈련과정을 이수하라. 이 프로그램에서는 트렌드, 기술의 위험, 기회 등을 가지고 장기적 전략 계획에 대해서 다룬다.

이 훈련과정은 여섯 가지 뚜렷한 전문 트랙을 가지고 있다. 컨설팅, 국가안보, 재정계획, 회계, 법률, 표준전문가이다. 표준공인재계획위원회Certified Financial Planner Board of Standards는 퓨처리스트 인스티튜트The Futurist Institute를 이 분야 교육 제공자로서 인정했다. FLTATM과 퓨처리스트 인스티튜트에 관한 자세한 내용은 다음 사이트에서 확인할 수 있다.

www.futuristinstitute.org

여러분의 다음 단계

금융의 미래는 기회, 리스크, 어려운 숙제 등과 함께 할 것이다. 그러나 여러분은 향후 10년 동안, 금융 서비스, 핀테크, 금융 시장의 동향을 알게 되었으니 이에 대비할 수 있다.

여러분은 자기 운명의 주인이며 다른 사람들보다 한 발 앞서는 것은 순전히 자신에게 달려 있다. 그렇게 한다면 더 좋은 결과를 맺으리라 확신한다. 금융에서는 약간의 차이에서 수익이 창출된다. 이제 여러분 차례이다. 이 책이 전해준 바를 바탕으로 이익을 얻는 우위를 점하라.

코로나 이후의 금융의 미래에서 당신의 활약이 기대된다!

주

CHAPTER 3

1. Rooney, Kate. (17 June 2020). "Fintech app Robinhood is driving a retail trading renaissance during the stock market's wild ride." CNBC. Retrieved on 15 August 2020 from https://www.cnbc.com/2020/06/17/robinhood-drives-retail-trading-renaissance-during-markets-wild-ride.html.

CHAPTER 4

1. "Listed Domestic Companies, Total." Data, World Bank, data.worldbank.org/indicator/CM.MKT.LDOM.NO?locations=US.
2. Ritter, Jay R. "IPO Data." Warrington College of Business, University of Florida. Retrieved on 15 August 2020 from site.warrington.ufl.edu/ritter/ipo-data/.
3. Ibid.
4. Ibid.
5. Ibid.
6. Ibid.

CHAPTER 7

1. "Widespread Fraud Found in Cryptocurrency Offerings." (April 10, 2018). Texas State Securities Board. Retrieved on 24 August 2018 from https://www.ssb.texas.gov/sites/default/files/CRYPTO%20report%20April%2010%202018.pdf.
2. "Bitcoin (USD) Price." Coindesk. Retrieved on 12 August 2020 from https://www.coindesk.com/price/.

3. "What is Bitcoin? Google Trends Search" Google Trends. Retrieved on 12 August 2020 from https://trends.google.com/trends/explore?q=What%20is%20Bitcoin%3F&geo=US.
4. Katz, L. (1 August 2018). "Long Blockchain Gets Hit With SEC Subpoena After Nasdaq Ouster." Bloomberg News. Retrieved on 24 August 2018 from https://www.bloomberg.com/news/articles/2018-08-01/long-blockchain-gets-hit-with-sec-subpoena-after-nasdaq-ouster.
5. Mohamed, Theron. (9 July 2020). "Chinese tech stock QuantumCTek spikes 924% in trading debut, breaking first-day record." Business Insider. Retrieved on 15 August 2020 from https://markets.businessinsider.com/news/stocks/chinese-tech-stock-quantumctek-soars-record-breaking-924-percent-ipo-2020-7-1029379555#.

CHAPTER 8

1. Speech by Darryl Willis, VP Oil, Gas, and Energy, Google Cloud at Google. Speech given at D2:Upheaval on 10 October 2018.
2. Investopedia. "Moore's Law." Retrieved on 7 November 2018 from https://www.investopedia.com/terms/m/mooreslaw.asp.
3. Gribbin, J. Computing with Quantum Cats: From Colossus to Qubits. Prometheus Books: New York. p. 92.
4. Jurvetson, S. (10 December 2016). "Moore's Law Over 120 Years." Flickr. Retrieved on 1 November 2018 from https://www.flickr.com/photos/jurvetson/31409423572/.
5. Speech by Deepu Talla, Vice President and General Manager of Autonomous Machines, NVIDIA, at RoboBusiness on 26 September 2018.
6. Tovey, A (2 April 2014). "When Milliseconds Mean Millions." The Telegraph. Retrieved on 12 July 2019 from https://www.telegraph.co.uk/finance/newsbysector/banksandfinance/10736960/High-frequency-trading-when-milliseconds-mean-millions.html.

CHAPTER 9

1. FinTech Survey Report (April 2016). CFA Institute. Retrieved February 11, 2017:
https://www.cfainstitute.org/Survey/fintech survey.PDF.
2. Szmigiera, M. (24 February 2020). "Number of ETFs Worldwide 2003-2019." Statista. Retrieved on 15 August 2020 from www.statista.com/statistics/278249/global-number-of-ETFs/.

CHAPTER 10

1. Farley, A. (2018). "Bearer Bonds: From Popular to Prohibited" Investopedia. Retrieved on 24 August 2018 from https://www.investopedia.com/articles/bonds/08/bearer-bond.asp.
2. Image provided courtesy of Heritage Auctions, HA.com. Retrieved on 24 August 2018 from https://currency.ha.com/itm/miscellaneous/other/-1-000-000-us-treasury-bearer-bond/a/364-15547.s.
3. Lagarde, C (26 April 2018). "Statement by IMF Managing Director Christine Lagarde on Her Participation in the Paris Conference on Terrorism Financing." International Monetary Fund. Re-trieved on 24 August 2018 from https://www.imf.org/en/News/Articles/2018/04/26/pr18150-lagarde-on-her-participation-in-the-paris-conference-on-terrorism-financing.
4. "Annual Economics Report." (June 2018). Bank of International Settlements, p. 91-141. Retrieved from https://www.bis.org/publ/arpdf/ar2018e.pdf.
5. Strohm, Chris. (13 August 2020.) "U.S. Says It Seized Cryptocurrency From Three Terrorist Groups." Bloomberg. Retrieved on 15 August 2020 from https://www.bloomberg.com/news/articles/2020-08-13/u-s-says-it-seized-cryptocurrency-from-three-terrorist-groups?sref=GNzrTNIg
6. Powell, J. "Semiannual Monetary Policy Report to the Congress."

U.S. Federal Reserve. Retrieved on 12 July 2019 from https://www.federalreserve.gov/newsevents/testimony/powell20190710a.htm.

CHAPTER 12

1. Delfs, H., Knebl, H. (2015). Introduction to Cryptography: Principles and Applications. Third Edition. Springer: New York. P. 343.
2. Ibid. P. 350.
3. Decker, Susan, and Yasiejko, Christopher. (2018). "Forget the Trade War. China Wants to Win Computing Arms Race." Bloomberg.com, Bloomberg, 9 April 2018, www.bloomberg.com/news/articles/2018-04-08/forget-the-trade-war-china-wants-to-win-the-computing-arms-race.
4. US Trade Representative Report. Pp. 10-11. Retrieved on 6 November 2018 from USTR at https://ustr.gov/sites/default/files/Section%20301%20FINAL.PDF.
5. Several of Navarro's books offer insight into US-China policies.
6. "2018 Cost of a Data Breach Study: Global Overview." (July 2018). Ponemon Institute LLC. IBM, p. 13. Retrieved on 25 October 2018 from https://public.dhe.ibm.com/common/ssi/ecm/55/en/55017055usen/2018-global-codb-report_06271811_55017055USEN.pdf.
7. "Internet Security Threat Report." (March 2018). Symantec, Symantec Corporation, p. 9. Retrieved on 25 October 2018 from http://images.mktgassets.symantec.com/Web/Symantec/%7B3a70beb8-c55d-4516-98ed-1d0818a42661%7D_ISTR23_Main-FINAL-APR10.pdf?aid=elq
8. de Wolf, R. (2017). "The Potential Impact of Quantum Computers on Society," p. 2.
9. US Congress. (2019), "Cybersecurity Funding." White House, p. 306. Retrieved on 12 August 2020 from https://www.whitehouse.gov/wp-content/uploads/2019/03/ap_24_cyber_security-fy2020.pdf.
10. "Risk Nexus: Overcome by Cyber Risks? Economic Benefits and

Costs of Alternate Cyber Futures." (2015) Atlantic Council, Zurich Insurance Group, p. 11. Retrieved on 25 October 2018 from http://publications.atlanticcouncil.org/cyberrisks/risk-nexus-september-2015-overcome-by-cyber-risks.pdf.

CHAPTER 14

1. Rodriguez, A. (24 March 2016) "Microsoft's AI millennial chatbot became a racist jerk after less than a day on Twitter." Quartz. Retrieved 17 February 2017: https://qz.com/646825/microsofts-ai-millennial-chatbot-became-a-racist-jerk-after-less-than-a-day-on-twitter/.

CHAPTER 15

1. U.S. Department of the Treasury. Fiscal Service, Federal Debt: Total Public Debt [GFDEBTN], retrieved from FRED, Federal Reserve Bank of St. Louis; https://fred.stlouisfed.org/series/GFDEBTN, July 21, 2020.
2. Ibid.
3. Federal Reserve Bank of St. Louis and U.S. Office of Management and Budget, Federal Debt: Total Public Debt as Percent of Gross Domestic Product [GFDEGDQ188S], retrieved from FRED, Federal Reserve Bank of St. Louis; https://fred.stlouisfed.org/series/GFDEGDQ188S, July 21, 2020.
4. Gopinath, G. (24 June 2020). IMF Blog: Reopening from the Great Lockdown: Uneven and Uncer-tain Recovery. International Monetary Fund. Retrieved on 20 July 2020 from https://blogs.imf.org/2020/06/24/reopening-from-the-great-lockdown-uneven-and-uncertain-recovery.
5. Ibid.
6. Mayer, J. (18 November 2015). "The Social Security Façade." Retrieved 24 July 2020: https://www.usnews.com/opinion/economic-

intelligence/2015/11/18/social-security-and-medicare-have-morphed-into-unsustainable-entitlements.

7. U.S. Social Security Administration. (September 2017). Fast Facts and Figures About Social Secu-rity, 2017, p. 8. Retrieved on 21 July 2020: https://www.ssa.gov/policy/docs/chartbooks/fast_facts/2017/.
8. U.S. Social Security Administration. (July 2020). Fast Facts and Figures About Social Security, 2020, p. 37. Retrieved on 21 July 2020: https://www.ssa.gov/policy/docs/chartbooks/fast_facts/2020/fast_facts20.pdf.
9. Ibid.
10. Ibid.
11. Ibid.
12. World Bank, Population Growth for the United States [SPPOPGROWUSA], retrieved from FRED, Federal Reserve Bank of St. Louis; https://fred.stlouisfed.org/series/SPPOPGROWUSA, June 5, 2018.
13. Last, J. (2013) What to Expect, When No One's Expecting: America's Coming Demographic Disaster. New York: Encounter Books, pp. 2-4.
14. Ibid., p. 3.
15. Ibid., p. 109.
16. Coy, Peter. (29 July 2020). "Americans Aren't Making Babies and That's Bad for the Economy." Bloomberg. Retrieved on 15 August 2020 from https://www.bloomberg.com/news/articles/2020-07-29/coronavirus-pandemic-americans-aren-t-making-babies-in-crisis.
17. U.S. Social Security Administration. Retrieved 11 February 2017 from https://www.ssa.gov/history/ratios.html.

CHAPTER 16

1. Board of Governors of the Federal Reserve System (US), Assets: Total Assets: Total Assets (Less Eliminations from Consolidation): Wednesday Level [WALCL], retrieved from FRED, Federal Reserve

Bank of St. Louis; https://fred.stlouisfed.org/series/WALCL, July 21, 2020.

2. European Central Bank, Central Bank Assets for Euro Area (11-19 Countries) [ECBASSETSW], retrieved from FRED, Federal Reserve Bank of St. Louis; https://fred.stlouisfed.org/series/ECBASSETSW, July 21, 2020.
3. Federal Reserve. "The Federal Reserve's Monetary Policy Toolkit: Past, Present, and Future." Retrieved from https://www.federalreserve.gov/newsevents/speech/yellen20160826a.htm.
4. Board of Governors of the Federal Reserve System (US), Effective Federal Funds Rate [FEDFUNDS], retrieved from FRED, Federal Reserve Bank of St. Louis; https://fred.stlouisfed.org/series/FEDFUNDS, July 21, 2020.
5. "Genesis Block." Wikipedia. Bitcoin Wiki. Retrieved on 24 August 2018 from https://en.bitcoin.it/wiki/Main_Page.

CHAPTER 17

1. Freedman, D. (2016 July/August). "Basic Income: A Sellout of the American Dream." MIT Technology Review, p. 52.
2. Ibid., 53.
3. Gentilini, U. (11 January 2017). "Why Universal Basic Income is a Simple, but Effective Idea." World Bank as reprinted by the World Economic Forum. Retrieved 11 February 2017: https://www.weforum.org/agenda/2017/01/in-a-complex-world-the-apparent-simplicity-of-universal-basic-income-is-appealing.
4. Ibid.
5. U.S. Bureau of Labor Statistics, Consumer Price Index for All Urban Consumers: All Items [CPIAUCSL], retrieved on 12 August 2020 from FRED, Federal Reserve Bank of St. Louis; https://fred.stlouisfed.org/series/CPIAUCSL.

6. Moretti, E. (2013). The New Geography of Jobs. New York: Mariner Books, p. 13.
7. Kaplan, J. (2015), 184-185.
8. Hamblin, J. (2 February 2017) "How to Make Time Pass Quickly," The Atlantic: https://www.theatlantic.com/health/archive/2017/02/how-to-make-time-move/515361/
9. Ibid.
10. Thompson, D. (2015 July/August). "A World Without Work," The Atlantic. Retrieved from https://www.theatlantic.com/magazine/archive/2015/07/world-without-work/395294/
11. Image licensed from Adobe Stock.

CHAPTER 18

1. World Bank. Retrieved on 12 July 2019 from https://globalfindex.worldbank.org/.
2. "2017 FDIC National Survey of Unbanked and Underbanked Households." Federal Deposit Insurance Corporation. Retrieved on 12 July 2019 from https://www.fdic.gov/householdsurvey/.

"The Global Findex Database: Measuring Financial Inclusion and the Fintech Revolution." (2017).

3. Ibid.
4. World Bank. Retrieved on 12 July 2019 from https://globalfindex.worldbank.org/.
5. "Fintech: The Experience So Far." (27 June 2019). International Monetary Fund.
6. World Bank. Retrieved on 12 July 2019 from https://globalfindex.worldbank.org/.
7. Ibid.

CHAPTER 19

1. Welsh, H. (9 November 2018). "Social, Environmental & Sustainable Governance Shareholder Proposals in 2018." Securities and Exchange Commission, Sustainable Investments Institute. Retrieved on 12 July 2019 from www.sec.gov/comments/4-725/4725-4636528-176443.pdf.
2. Ibid.
3. "The Activist Investing Annual Review." (2020). Activist Insight. Retrieved on 12 August 2020 from https://www.activistinsight.com/research/TheActivistInvesting_AnnualReview_2020.pdf.
4. Ibid.
5. This comes on the heels of pressure from activist investor pushes on the Exxon board for a lack of ESG oversight. "Exxon Board Targeted for Lack of ESG Oversight." (May 11, 2019). National Association of Corporate Directors. Retrieved on 12 July 2019 https://tinyurl.com/NACDExxon2019.

CONCLUSION

1. Pierron, A. (16 May 2019). "Workforce of the Future: Transplanting Technology Skill Sets to the Capital Markets." Opimas. Retrieved on 13 July 2019 from www.opimas.com/research/472/detail/.
2. "Unemployment rate and earning by educational attainment." (4 September 2019). Employment Projections, U.S. Bureau of Labor Statistics. Retrieved on 24 July 2020 from: https://www.bls.gov/emp/chart-unemployment-earnings-education.htm.

위험에 노출되었을 땐

거둬들이는 수익보다 잘 지키는 게 낫다.

로보어드바이저는 신이 아니다.

투자의 결과는 자신의 몫이다.

인공지능이라는 양날의 검 위에 서지 마라.

당신의 안전은 보장받지 못한다.

탐스러워 보이는 기본소득에서 눈을 떼자.

인플레이션, 세금 부담, 사회 분열이 그 뒤에 숨어 있다.